Fagotto

もっと音楽が好きになる
上達の基本
ファゴット

福士マリ子 著
Mariko Fukushi

音楽之友社

はじめに

　中学校の吹奏楽部で初めてファゴットを目にしたとき、「この楽器がいい！」と、すぐに心を決めました。

　その後も他の楽器や歌などに興味をもち、ファゴットのコンサートに通う以上に、ファゴット以外のさまざまなコンサートへ足を運んできた私ですが、実際に音を出してみたい、この楽器を自分で演奏してみたいと思ったのはファゴットだけです。その思いは中学生の頃から今まで変わっていません。音を出す瞬間のリードの振動や指使いの感触、アンサンブルやオーケストラのなかでの役割、音色……ファゴットは本当にたくさんの魅力が詰まったすてきな楽器です。

　その一方で、楽器を思いどおりに吹けるようになるまでにはたくさんのステップがあり、それを身に付けるためには時間がかかるということも日々実感しています。

　なぜ自分はこういう部分が上手に吹けないんだろうと中学生の頃に疑問に思ったことが、最近になってやっと分かるようになったり、解決のヒントがつかめてきたと感じることもあります。その多くは、何か一つの出来事やきっかけがあって変わったわけではなく、基礎練習を丁寧に取り

組み直し、音楽のとらえ方を広く柔軟にしていくことによって、本当に少しずつ先に進んでこられた結果なのです。

　ファゴットを演奏するときの感じ方や考え方、体の使い方、クリアできていることとできていないこと、理想の音と演奏など、どの要素も人により異なるものだと思います。練習方法や演奏に、一つだけの正解というものはありません。

　この本は、皆さんが日頃どのようにファゴットを吹き、どのようなことにつまずいているのか、それを自分で観察して見直す機会に役立てばと思い、執筆しました。
　そして、ファゴットを吹くことをもっと楽しめるように、たくさんのことにトライしてさらなる魅力を発見していただければと願っています。

　それでは私と一緒に、ステップアップへの道を歩いていきましょう。

福士マリ子

もっと音楽が好きになる

上達の基本 ファゴット

CONTENTS

はじめに ……………………………………………………………… 2

きほんの「き」 音楽を始める前に　　7

- その❶ 呼吸 …………………………………………………… 8
- その❷ 構造・組み立て・分解・掃除 ………………………… 12
- その❸ 姿勢と構え …………………………………………… 19
- その❹ アンブシュア ………………………………………… 23
- その❺ リード ………………………………………………… 26
- その❻ 演奏する前に ………………………………………… 30

きほんの「ほ」 自由に音を奏でよう　　31

- その❶ 目指す音 ……………………………………………… 32
- その❷ ロングトーンの基礎 ………………………………… 34
- その❸ ロングトーンの応用練習（ダイナミクス）………… 37
- その❹ タンギング …………………………………………… 39
- その❺ 音階 …………………………………………………… 42
- その❻ ヴィブラート ………………………………………… 45
- その❼ 特殊な指使い ………………………………………… 48
- その❽ ピッチのコントロール ……………………………… 51
- その❾ エチュードの取り組み方 …………………………… 54
- その❿ 毎日の基礎練習 ……………………………………… 57
- その⓫ 1日10分のデイリートレーニング ………………… 60

目次

きほんの「ん」 奏法から表現へ　　　61
- その❶ 独奏楽器としてのファゴット　　62
- その❷ ソロのレパートリー　　64
- その❸ アンサンブルの喜びと役割　　66
- その❹ アンサンブルのレパートリー　　68
- その❺ アンサンブルのピッチ合わせ　　70
- その❻ スコアの使い方　　73
- その❼ 柔軟な表現　　76

きほんの「上」に 楽しく音楽を続けよう　　　77
- その❶ 練習の組み立て方　　78
- その❷ 楽器のメンテナンス　　81
- その❸ 楽器を習う・教える　　82
- その❹ 私の価値観をつくったもの　　84
- その❺ 本番や失敗から学ぶ　　86
- その❻ 音楽と付き合っていくということ　　89

おわりに　　　91

特別寄稿「本番力」をつける、もうひとつの練習
● 誰にでもできる「こころのトレーニング」（大場ゆかり）　　92

[とじこみ付録] 福士マリ子オリジナル　デイリートレーニング・シート

※本書は『Band Journal』誌 2013 年 5 月号から 2014 年 4 月号に連載された「演奏に役立つ ONE POINT LESSON」に大幅な加筆訂正を行ったものです

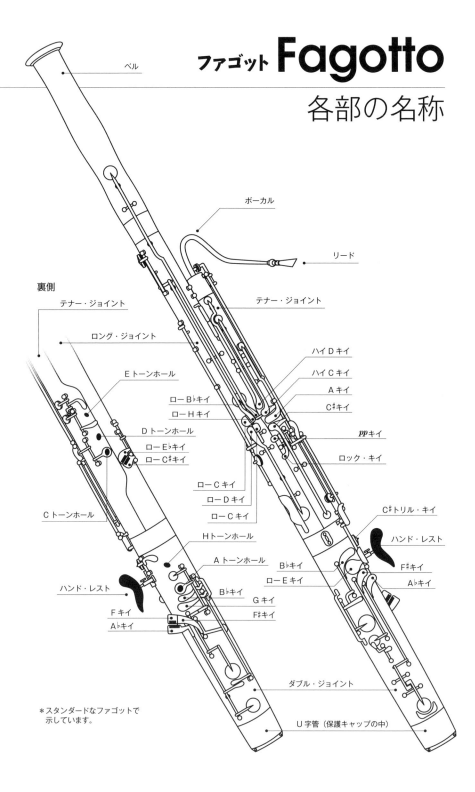

きほんの「き」

音楽を始める前に

Fagotto

呼吸

●腹式呼吸＝おなかの呼吸？

　管楽器の練習では「腹式呼吸」という言葉がよく使われます。健康法でもよく使われる言葉ですね。よく耳にするだけに、わかったつもりになりがちなこの「腹式呼吸」とは、実際にはどのような仕組みなのでしょうか？

　あお向けなってリラックスした状態の呼吸を観察すると、自然におなかが前後に動いていることが分かります。息を吸うとおなかが膨らみ、吐くとおなかがへこむ。このように、おなかが動く呼吸を腹式呼吸だと思っている人が多いのではないでしょうか。これは間違ってはいないのですが、誤解しやすいポイントでもあります。
　リラックスして呼吸をするときに体の中ではどのような変化が起きているのか、誤解しがちな点に注意しながら見ていきましょう。

●呼吸と横隔膜の関係

　息を吸うと、吸った空気は肺に入ります。胃や腸に空気が入らないのに、おなかが膨らんだりへこんだりするのは不思議ですね。体の中の仕組みを見ながら、その謎を解いていきましょう。
　肺は鎖骨の少し上から胸骨の下（＝みぞおち）にかけて位置し、肺の下には横隔膜が接しています。横隔膜の上には肺のほかに心臓もあり、横隔膜の下には、胃や腸などの臓器があります。
　肺は柔軟に伸び縮みするので、息を吸うと肺が広がって周囲を取り囲む肋骨が広がると同時に、肺の下に接している横隔膜は押し下げられます。逆に、息を吐くときには肺が縮んで肋骨も縮み、横隔膜は上がるのです。こうした横隔膜の動きに合わせて、胃や腸などの内臓も移動します。つまり、息を吸

うとおなかが動くのは、横隔膜より下にある内臓が上から押され、前に移動するからなのです。柔らかいおもちを上からつぶすと横に広がるような感じです。

●胸式呼吸＝胸の呼吸？

「腹式呼吸」に対して「胸式呼吸」という言葉も使われます。深呼吸をするときは、肺を広げるのを意識して空気を吸い、肋骨を広げ、肩を上げてよりたくさん息を吸おうとしますね。そして、息を吸ったあとには力を抜いて、自然に肺を縮めるようなイメージで空気を吐きます。これが胸式呼吸ですが、「肺を広げる」「肋骨を広げる」「肺を縮める」といったキーワードが、腹式呼吸と同じなのにお気付きでしょうか？

腹式呼吸と胸式呼吸で息の入る場所が変わるわけではありません。息が肺に入り、肺が膨らむのと同時に肋骨や横隔膜が押し広げられる仕組みに違いはないのです。呼吸をする際に横隔膜やおなかの動きを意識するのか、それとも肺や肋骨、肩の動きを意識するのかの意識の重点やバランスの違いが、「腹式呼吸」と「胸式呼吸」という名称の違いになって現れていると言えそうです。

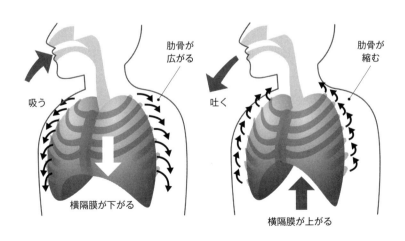

図1　息が入り肺が伸び縮みすることで横隔膜が動き、その結果としておなかが動く

ここで、呼吸の仕組みを整理しましょう。

◆**息を吸うとき**
> ①空気が肺へと入り、肋骨や筋肉が広がる
> ②横隔膜が押し下げられる
> ③内臓がおなかの前のほうへ押し出される
> ④おなかが膨らむ

◆**息を吐くとき**
> ①肺や周りの肋骨、筋肉が縮む
> ②横隔膜が上がる
> ③内臓の位置も戻る
> ④おなかがへこむ

呼吸の仕組みの謎は解けましたか?

●ファゴットを演奏するための呼吸

では、ファゴット演奏に最適な呼吸とは、どのようなものでしょうか?

おなかの力を抜いて、肺で横隔膜を押し下げるイメージで空気を吸う、そして、おなかに力を入れて腹筋の力で横隔膜を押し上げて空気を吐く。腹式呼吸ではこうして横隔膜の機能と動きを意識し、そのために必要な力を使って呼吸をします。

「胸式呼吸=胸だけでの呼吸」や「腹式呼吸=おなかだけでの呼吸」というイメージをもっていると、胸や肩を動かしてはいけないからと体を固め、おなかを膨らませよう、へこませようと意識して、かえって体に力が入ってしまいます。これでは、逆効果。肺は鎖骨の少し上まであるのですから、呼吸に合わせて肩や胸が多少動くのは自然なことなのです。

●しっかり息を吐き切れば、息は自然に入ってくる

私自身も、肩や胸を固めておなかに力を入れるような呼吸をしていた時期があるのですが、仕組みを理解したうえで呼吸してみると、呼吸の重心が下がり、抵抗なく息を迎えたり送り出したりするようなイメージをもてるよう

になります。しっかり息を吐ききれば、力を抜くだけでスッと息が入るのです。

よく言われる「おなかでしっかり支えて吹く」ということは、「おなかにギュッと力を込めて固めて吹く」ことではありません。上半身の余計な力みがなくなった結果、呼吸の重心が下がり、喉や肩、胸ではなくおなかからしっかりと息を吸ったり吐いたりできるようになった状態のことなのです。

●胸を圧迫する姿勢は避けよう

大切なことは、肺や横隔膜が自由にのびのびと上下に伸縮できるように、周りの筋肉を緊張させないことです。胸や肩の筋肉が緊張していたら、両腕を肩甲骨から動かすように意識をして、両肩をゆったり大きく回して胸や背中をほぐしてみてください。筋肉がほぐれて、肺が膨らみやすくなります。ふだん肺や筋肉を圧迫するような姿勢を続けているようなら、ぜひ深く呼吸をしながら体をほぐしてみましょう。

ただし、一人一人できることとできないこと、体の大きさや柔らかさ、感覚、すべてが違います。ここに書いてあることはあくまでも参考に留めてください。より楽な呼吸でファゴットを吹くことができて、自分の体や感覚に合う方法を、いろいろと試してみることが大切です。

写真1　肺や周囲の筋肉を圧迫する悪い姿勢（左）と肺や周囲の筋肉が圧迫されない良い姿勢（右）

構造・組み立て・分解・掃除

●ファゴットの構造

　ファゴットはダブルリードの木管楽器です。葦(あし)という竹のような植物から作られたリードを2枚重ねて吹き口とするから、ダブルリード。ちなみに、リードが1枚のクラリネットやサクソフォーンなどは、シングルリードの楽器と呼ばれます。

　ファゴットの楽器本体は楓(かえで)の木でできています。同じ木管楽器であるフルート、オーボエなどと比べると、ファゴットは大きく重量もあり、音域は低い楽器です。二つに折り曲げられた楽器を真っすぐに伸ばしたとすると、全長は約2.4mになりますから、約70cmのフルートの3倍以上の長さです。

　ファゴットはメロディーを支える縁の下の力持ち、あるいはコミカルな表情の楽器というイメージが強いかもしれませんが、それはファゴットが表現できるたくさんのキャラクターのうち、ほんの一部分でしかありません。高音の鋭い切れ味の音色も魅力的ですし、オーケストラでは魅力的でのびやかに歌うようなソロを任される機会がたくさんあります。

●楽器の組み立て

　演奏者にとって、楽器を正しく扱うことはいちばんの基本です。ピアノや弦楽器と異なり、ファゴットは、演奏前には一つ一つのパーツを組み立て、演奏後は分解してケースにしまう必要があります。また、演奏する息が楽器の内部で冷えて水分が生じ、楽器のいちばん下部にあるU字管にたまるので、その水を取り除く掃除も欠かせません。

　ファゴットの組み立てや分解には手順が多く、時間もかかります。あせらず慌てず、丁寧にチェックしていきましょう。ただし、どんなに気を付けていてもトラブルが起こることはあります。その場合は、楽器店に連絡をして相談しましょう。

●ジョイントの名称

写真2　組み立てる各パーツの名称。キイなどの名称はp.6を参照

●組み立てる前の注意点

◆キイの部分を強く握らないこと

楽器を持つときにキイを強く握ると、キイが曲がったりタンポが押しつぶされたりすることがあります。

◆あわてない

キイを楽器本体や楽器ケースにぶつける、楽器の接続部を傷つけることがないように、毎回、楽器は注意深く丁寧に扱いましょう。

●楽器を組み立てよう

組み立ての際に注意が必要なポイントを確認していきましょう。

①ダブル・ジョイントの小さい穴にテナー・ジョイントを差し込む

テナー・ジョイント下部のL字キイが、写真3で示したダブル・ジョイントのパーツに重なるように差し込みます。テナー・ジョイントは、常にL字キイがねじ部分にぶつからないように少しずつ回転させます。

このとき、テナー・ジョイントの側面とダブル・ジョイントのカーブが同心円になるようにしましょう（写真4）。

②ダブル・ジョイントの大きい穴にロング・ジョイントを差し込む

左手の親指で押さえるローB♭キイや小指で押さえるE♭キイ、C♯キイがテナー・ジョイントにぶつからないように、慎重に差し込みます。

③ロング・ジョイントにベルを差し込む

ベルのタンポの付いたキイを軽く押さえて、キイの連結する側を浮かせ、連結部分がぶつからないように注意します。

④テナー・ジョイント上部へ、ボーカルを差し込む

ボーカルは、持ち方が悪いと曲がってしまう場合があります。根元のコルクに近い部分をやさしく持ちましょう（写真5）。また、ボーカルを差し込む前には必ずロック・キイを解除しましょう。ロックしたまま差し込むと、ボーカルの穴を閉じるタンポがぶつかり、破れることがあるからです。

ボーカルを差し込んだ後にテナー・ジョイントの pp キイを開閉して、ボーカルのコルクのすぐ上に空いた穴がきちんと閉じるかどうか確認します。タンポでこの穴がしっかり閉じないと、低音が出にくくなります（写真6）。

最後にリードを取り付け、ストラップを楽器にかけて、自分の姿勢や顔の角度に合うように楽器を構えます。ボーカルやリードの向き、ストラップの高さも調整します。

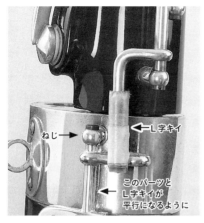
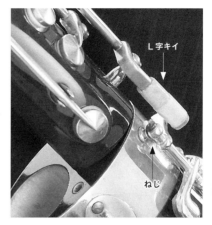

写真3 (左、右) L字キイがねじ部分にぶつからないように、少しずつテナー・ジョイントを回す

写真4 2つのカーブが同心円になるように

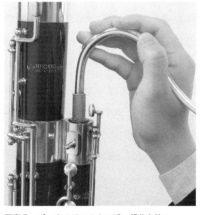

写真5 ボーカルはコルクに近い部分を持つ

写真6 *pp* キイを開閉して、ボーカルのコルクの上にある小さな穴が閉じるかどうかを確認する

●楽器の持ち方と置き方

　楽器を持ち上げるときには、ベルだけを握って持ち上げないようにしましょう。ロング・ジョイントがベルから抜けて、楽器が倒れることがあります。必ず、ロング・ジョイントとテナー・ジョイントを両手で一緒にしっかりと握ってください。

　演奏後に楽器を置くときは、できれば専用の楽器スタンドを使いましょう。楽器スタンドがなく机の上などに横向きに置く場合は、必ずダブル・ジョイントにたまった水を捨ててから置いてください。テナー・ジョイントとダブル・ジョイントの細い穴の内部は水分をはじくようにエボナイト加工がされていますが、ダブル・ジョイントの太い穴の内部は木の材質のままなので、水が残ったまま横向きに置くと楽器の内部やタンポに水分が付着し、楽器が損傷しかねません。

●水の捨て方

　ダブル・ジョイントにたまった水は、エボナイト加工された細い穴から捨てます。このとき、C♯トリル・キイのタンポに水が流れ込まないように少し斜めに傾けましょう。

写真7　ダブル・ジョイント内の水は必ず細い穴から捨てる

●**楽器の分解**

楽器を片付けるときは、組み立てたときとは逆の順番に、①ボーカル → ②ベル → ③ロング・ジョイント → ④テナー・ジョイントの順番で分解します。注意するポイントは組み立て方と同じです。

●**分解後の掃除**

ボーカル、テナー・ジョイント、ロング・ジョイントは、スワブという専用の布を内部に通して水分を拭き取ります。タンポに水分が付着したときは、クリーニングペーパーを挟み、キイを開閉させて水分を取り除きます。

スワブを楽器に通すときは、スワブのワイヤーや金属で楽器内部を傷つけないよう気をつけます。スワブは必ずしっかりと広げてから少しずつ通しましょう。からまったり結び目ができたりして、スワブが楽器の内部で詰まって抜けなくなることがあるからです。スワブを通している途中で少しでも違和感があったら無理に通そうとせず、もう一度やり直します。

①**ボーカルの掃除**

ボーカルの掃除には、内部が傷つきにくいボーカル専用スワブの使用をおすすめします。

ボーカルのコルク側からスワブのワイヤーを少しずつ入れていき、細いほうから先端が出てきたら、ゆっくりと引き出します。

写真8　ボーカルには専用スワブがおすすめ

②**テナー・ジョイントの掃除**

上部の、ボーカルに接続するほうから、スワブのおもりを通します。スワブがからまっていないことを確認しながら少しずつ引き出しましょう。

③ダブル・ジョイントの掃除

　太い穴からスワブのおもりを入れて、ぐるりと回転させて細い穴から引き出し、ゆっくりとスワブを通します（写真9）。おもりを入れるときに、ダブル・ジョイント下部のU字管にぶつけないように注意してください。カツンとU字管にぶつけていると、その部分がだんだんへこんでしまいます。

　また、U字管をはずすときは、ゴム（またはコルク）がねじに当たって傷めないように、静かに動かしてください。

写真9　ダブル・ジョイントでは太い穴から入れたスワブのおもりを（左）、楽器を回転させて細い穴から出す（右）。おもりがU字管にぶつからないように注意

写真10　ゆっくりとスワブを入れ（左）、おもりを引っ張る（右）

姿勢と構え

●リラックスした自然な姿勢が大事

　楽器を吹く前の準備として、体の使い方や姿勢について考えてみましょう。

　良い姿勢というのは、背筋を真っすぐに伸ばして胸を張って……という静止画のような姿ではなく、**呼吸が楽にできて、体がリラックスし自由に動くことができる姿勢**だと思います。

　しかし、一生懸命練習しているうちに肩に力が入ってしまったり、楽器の重さで首が前に出て前かがみになったり、胸やおなかが圧迫されて窮屈になったり……といつもの自然な姿勢を、演奏しているときもキープすることは、簡単なようで難しいことです。

●力むことのマイナス面

　演奏するときは、心はしっかりと集中しながらも、体は全身がある程度リラックスしていること、そしてスムーズに呼吸できることが大切です。そのためには自然な姿勢がポイントになります。

　なぜ姿勢が全身の力みや呼吸につながるのか……簡単な実験をしてみましょう。次の①②それぞれの状態で呼吸をしてみてください。

　①首をハトのように前に出す、または下を向く

　②手首や腕や足など、体のいろいろな筋肉にギュッと力を込める

　呼吸はどうなりましたか？

　次に、②の手首に力が入った状態で指をバラバラに動かしてみてください。呼吸も指の動きも、難しく感じませんか？

　もう一つ、頭のてっぺんが天井から糸で吊り下げられているかのように首をスッと伸ばし、腕や足首を一度ブラブラとさせて力を抜いてから、呼吸をして指の動きを確かめてみてください。先ほどよりもスムーズになりませんか？

写真11 （左）首をハトのように前に出したり下を向くと、呼吸がしづらくなる。 （右）頭のてっぺんが天井から糸で吊り下げられているような良い姿勢は、呼吸も指もスムーズにする

とてもシンプルなことですが、全身の筋肉はつながっていて、お互いに影響し合っています。たとえば、楽器の重みで猫背になると首が前に出て呼吸がしづらくなり、舌が力むとタンギングがうまくいかなくなり、肩や腕に余計な力が入れば指を動かしにくくなるのです。姿勢が崩れて体のどこかで必要以上に力んだりすると、体はバランスを取ろうとして他の部分にしわ寄せがいきます。前ページの実験ほどおおげさではなくても、無意識のうちに力んでしまうのは、よくあることです。

まずは楽器を持たずに、楽に呼吸できるリラックスした体の状態を確認することを心掛けましょう。

●楽器を構える

楽器なしで自然な体の姿勢や状態がつかめたら、実際に楽器を構えてみましょう。大切なのは、この自然な状態の**自分の姿勢に楽器を合わせる**ということです。たとえばリードの先端は、口元とちょうど同じ高さになるように調節します。リードの位置に、自分の口を合わせるのではありません。

◆ストラップ

　ストラップには首や肩から下げるタイプもありますが、両肩にかけるショルダーストラップが、楽器の重みが分散されるのでおすすめです。

　楽器を構えたときに、楽器の重みに反発して肩が上がらないように気を付けてください。

◆ボーカルの位置

　ボーカルを、根元の穴がテナー・ジョイントのタンポでふさがる範囲の中で左右に動かしてみましょう。ボーカルの角度によって左右の手に感じる楽器の重みも変わります。左手に負担がかかり過ぎない、バランスの良い位置を探してください。

写真12　タンポでふさがる範囲でボーカルを左右に動かし、左手に負担のかからない位置を探す

　リードは、真っすぐ正面を向いた顔に対して、水平になるように取り付けましょう。また、楽器を構えるときは、首を前に出してリードへと寄るのではなく、自然に真っすぐに立った自分のもとへ楽器を引き寄せます。鏡で正面や左右から見て、姿勢が歪んでいないかチェックしてください。譜面や指揮者はベルの右側（ボーカル側）から見るのがよいと思います。

写真13　リードの角度に顔を合わせるのではなく、顔が水平になるようにリードの角度を合わせる

◆手のフォーム

　テニスボールを優しく包むイメージで楽器を持つと、理想的な手のフォームになります。指に力が入っていたり、指が反って楽器から離れていると、必要以上に指をバタバタと動かすこととなり、スムーズに動かせなくなってしまいます。手のフォームも鏡を見てチェックしましょう。

写真14　丸みを帯びた自然な手のフォーム

写真15　指が反って楽器から離れたフォームでは動きがバタバタしてしまう

アンブシュア

●アンブシュアとは？

　アンブシュアとは、**管楽器を吹くときの口のフォーム**を指す言葉です。リードに接する唇の形や口の周りの力の使い方や、顎（あご）をどの程度開くのか、喉（のど）はどのような状態なのかなど、口元のフォームだけではなく、全体的な体の内部の働きもアンブシュアに含まれていると言えます。

●アンブシュアの作り方

　ファゴットはダブルリードの楽器ですから、2枚のリードの隙間に息を入れて、振動させることで音が出ます。アンブシュアを作るうえで、次の3つのポイントをクリアできるように心掛けてください。

> ▶ 息が漏れないようにリードをしっかり包み込むこと
> ▶ ただし、リードの振動を止めてしまわないように、リードが振動できる余裕が残る程度にゆるめること
> ▶ 息がスムーズに体からリードへと流れるように、喉や口の中をリラックスして広げること

　アンブシュアによってリードの振動は変わり、音色が変化します。低い音、高い音、強い音、弱い音……さまざまな音を出すためには、柔軟なアンブシュアが必要なのです。

●リードのくわえ方

次の手順で練習してみましょう。

① リラックスして口を軽く開きます。このまま、軽く呼吸をしてみましょう。力まずに、胸や喉、口の中に広がりがあることを確認します

② 唇を、「mo（も）」と言うときの「m」を発音するときのフォームにします。歯に軽く唇が巻かれている状態です。「イ」の発音のように、唇を両サイドに引かないようにしましょう

③ リードを唇の中心に乗せます。リードをくわえる位置は、深過ぎず浅過ぎず、リードの振動部分の真ん中あたりに唇がかぶさる程度にしましょう

④ リードの隙間から息が漏れないように、しっかり唇で包み込むようにします。ただし、上下の唇でリード先端を噛んで閉じてしまわないようにしてください。とても大切なポイントです

この一連の動作をゆっくりと確認しながら、リードの隙間を閉じてしまわない力加減を覚えてください。鏡を使って、リードをくわえる深さや、口元に対してリードが左右に曲がり過ぎていないかなどを確認します。

写真16 （左）良いアンブシュアの例 （右）悪いアンブシュアの例。唇を両サイドに引いてしまっている

●リードだけで鳴らしてみる

くわえられるようになったら、リードを鳴らしてみましょう。

① ため息のようなリラックスした温かく太い息をイメージして息を吹き込みます。そして徐々にしっかりとクロウを鳴らしていきましょう
▶ クロウをしっかりと鳴らしているときも、唇の「m」のフォームはやわらかく保ち、リードの先端を閉じないようにしてください
▶ 喉元が「うっ」と閉じるような力の入れ方はしません。喉や胸、口の中をリラックスさせ、体の中から温かい音を響かせるイメージで吹きましょう
② 舌を使ってタンギングしてみましょう
▶ タンギングをするときも、唇のフォームをもごもごと動かしたりはしません。息が漏れたりリードを閉じたりしないように、柔軟さを保ちます

上に出てきた「クロウ」とは、リードだけをくわえて吹いたときの笛のような音のことです。

●楽器を吹いてみる

さあ、リードを楽器に取り付けて、ここまで練習したアンブシュアで音を出してみましょう。口元へリードが自然にくるように構えます。練習どおりに息を入れ、楽器を鳴らしてみましょう。

このとき、もしピッチが下がり過ぎているようなら、唇がリードを支える力が弱すぎるか、息のスピードが足りていません。反対にピッチが高すぎるなら、唇が閉まってリードを閉じてしまっている可能性があります。

アタックの瞬間に雑音が混じる場合は、口元から息漏れしています。

自分の音をよく聴きながら、どのようなアンブシュアがベストなのか、形を決めつけずに、いろいろと試してください。

良いアンブシュアのためには、日々の研究が欠かせません。**「耳で聴いて良い音であること」「唇や体に無理な負担がかからず、楽なこと」**の2点を両立できるアンブシュアを研究していきましょう。

リード

●リード選びのチェックポイント

　リードを買う前に、自分がどのようなリードを理想としているのかを考えておく必要があります。リード選びでは、次の吹奏感（吹き心地）と音色が大きなポイントになります。

◆吹奏感（息の入り方）

　吹奏感や吹き心地は、リードへの息の入り方や反応の良し悪しによって変わります。息が入りにくい（音を鳴らすのに息の圧力がいる）、息はよく入るものの息の消費が激しくアンブシュアに負担がかかる。これらは抵抗感の強いリードと言えます。反対に、少ない息の量でも簡単に音が鳴らせるものは抵抗感の弱いリードです。初心者の方には、発音がしやすく抵抗感の弱い、バランスの良いリードがおすすめです。

　どれを選べばいいかまったく分からなければ、まずはお店の人に初心者にお勧めのリードの種類を聞いてみるのがよいでしょう。通信販売を利用する場合は、吹奏感などの好みを伝えたうえで取り寄せるとよいと思います。

◆音色

　同じメーカーのリードでも、一つ一つに個体差があります。たとえ吹き心地が良くても自分の好みの音色でなければ選ばないこともあるでしょう。明るい・暗い、柔らかい・固いなど、キャラクターはさまざまです。

●リードの選び方

　それでは実際にリードを手に取り選んでいきましょう。お店によっては試奏できるところもあります。できるだけ、自分の楽器も持っていって楽器とセットで試奏しましょう。購入前のリードは、後からほかの人も使う可能性

があるお店の商品です。歯磨きをして口の中を清潔にしてから吹くようにし、マナーを守ってリードを丁寧に取り扱いながら試奏させてもらいましょう。

●リードの選び方
①見た目でリードをチェックする
　開き口を見て、あまりに左右非対称で歪みの大きいもの、欠けているものやサイドが閉じていないものは除外します。

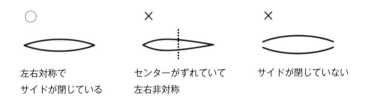

○ 左右対称でサイドが閉じている　　× センターがずれていて左右非対称　　× サイドが閉じていない

図2　理想的なリードの開き口と、避けたいリード

　また、リードの根元も大事なポイントです。きれいな円形でボーカルにフィットし、息漏れしないものを選びましょう。

②見た目で合格したリードを水に漬ける
　新しいリードほど水分の浸透具合で吹き心地が変わるため、水に浸したまま状態を落ち着かせます。色が濃くなるのが目安ですが、浸すのは時間にして数十秒から、長くても3分ほどでしょうか。リードの状態によって必要な時間は変わるので、ほどよい状態を見分ける目を養っていきましょう。

③1本ずつ試奏する
　どのように試奏していくかがポイントです。
　先に上げた「**吹奏感**」「**音色**」に注目しましょう。いつも練習している音階やエチュードを吹いてみて、自分の基準に合格したリードを残しておきます。
　さらに良いリードを絞りたいときは、もう一度、強弱やアーティキュレーションを変えた音階やスケールで試奏します。

きほんの「き」

試奏するときには、次のことを試してみましょう。

① p でやさしく吹く
② スタッカート、テヌート、スラーと、タンギングの種類を変えて吹く
③ 少し時間をおいてから、もう一度同じように試奏する

p で音が出にくい、スラーがかかりにくいなどの弱点の多いリードは後々苦労をします。③は、水に浸したリードが徐々に変化するからです。変化が落ちついてから、もう一度①②を吹いて確認しましょう。

◆自分の苦手ポイントをカバーしてくれるリード

吹きやすいメロディーを吹きやすい音量で試しても、そのリードの弱点は分かりません。いつも自分が苦戦するような箇所も試してみましょう。良いリードを選ぶことで、難しく感じていた箇所が楽に吹けることもあります。音色など自分の好みは大切にしつつ、吹奏感や雑音の有無などをチェックしてマイナス・ポイントもふまえた上で、バランスの良いリードを選びましょう。

●リードの手入れ

リードは内部も表面も汚れます。吹き終えたら掃除をしましょう。

内部を掃除するには、リード掃除専用の羽根とリード本体を水で湿らせます。そしてボーカルに差すほうの穴から先端に向かって羽根を差し込み、やさしく前後に動かして掃除をします（写真17）。

リードの表面は、羽根ではなく指でこすり洗いをしますが、リードが欠けたり、表面に傷がついたりしないように注意してください。いずれの場合も、リードを水に浸しながら、または流水をかけながら、作業をします。

写真17　リードの内部は、専用の羽根をリードの根元側から差し込み、やさしく前後に動かして掃除する

　掃除が終わったらリードをケースにしまいますが、できればケースのフタはリードが乾くまで開けておきます。特に梅雨の時期はカビやすいので、すぐにケースを閉じないほうがよいでしょう。音色や吹き心地をよりよく保つため、リードはこまめに手入れしてください。

●リードの自作は難しい

　リードはもちろん自分で作ることもできますが、紙幅が限られていますのでここでは触れません。私は、中学生のときに当時教わっていた先生からリードを自作するための本をいただいたのですが（先生が英語から翻訳なさったもののコピーでした）、実際に先生のレクチャーを受けるまでは、道具の持ち方もわかりませんでした。リードを自作するなら、やはりプロの先生に直接教えていただくのがベストでしょう。

　ちなみに私は音大受験の直前に、リードを作っていてナイフで指を切ってしまい数針縫うという、冷や汗の止まらない経験もしました。幸い演奏には支障がほとんどなかったため今では笑い話になっていますが、リードを自作する場合は、くれぐれもけがをしないように慎重に作業してください。

演奏する前に

●演奏前の準備が良い演奏につながる

　きほんの「き」では、演奏の前段階として、体や楽器の準備についてみてきました。呼吸が自然で十分な息を体に送り込めること、楽器を正しく扱い良いリードを選ぶこと、演奏に不自由のない姿勢やアンブシュアでファゴットを構えられること。こうした音を出す前の状態がすべて、実際に演奏される音そのものにつながっていきます。

　最初は、演奏を始めると呼吸や姿勢が崩れてしまうこともあるでしょう。鳴っている音をよく聴き、体がこわばっていないかどうか、体の中で起こっている変化をよく観察してみてください。

　楽器を構えたときから音を出す瞬間までの自分の姿を鏡で見ると、体やアンブシュアで無意識に力を入れている部分に気付くこともあります。力を入れること自体は悪いことではありませんが、必要のない余分な力を、知らない間に入れ続けると、良い音が出せなくなったり、筋肉が疲れる原因になります。

　呼吸や姿勢は、準備段階のときに立ち止まって完璧な状態にするだけではなく、演奏している間にも、同じように気を配りましょう。

●ファゴット以外の楽器を参考に

　体や呼吸、アンブシュアについての考え方や準備の方法は、他の楽器奏者や声楽家のお話もとても参考になります。

　準備段階だけを切り離して考えるのではなく、音そのものをつくる大切な要素として、いつでも関心をもっていたいものですね。

きほんの「ほ」

自由に音を奏でよう

Fagotto

目指す音

●何のための基礎練習?

　基礎練習やエチュードに取り組むことは大切ですが、何のための練習なのかを、改めて考えてみましょう。

　私がファゴットを始めてしばらく経った頃は、シンセサイザーのように真っすぐな音が出せるように、機械的なロングトーンの練習をしていました。チューナーの針だけを見て、音が少しでも揺れて変化しないことだけを意識するという具合です。

　しかしこの機械のように揺るぎなく真っすぐで、正確さだけを目指した「安定した音」というイメージがクセモノでした。

　なぜなら、実際にコンサートやCDで聴いて憧れた演奏は、決して機械のように安定しているだけの音ではなく、温かみのある音色や生き生きとした息づかいなど、変化に富んだ自由で魅力的な音楽を感じられるものだったからです。

　なぜ、あの頃の私は理想の音色とは正反対の音を目指すという矛盾した訓練をしていたのでしょうか……。おそらく、ロングトーンなどの基礎練習を、音楽とは切り離した機械的な作業のように考えていて、体の使い方に注意を向けてより良い音を出せるようにする意識や、理想とする音や音楽のイメージが足りなかったのではないかと思います。

　技術をしっかりと身に付けることはとても大切です。しかし、基礎練習は表情豊かで温かみのある音楽をつくるためのものだということを、いつも忘れないでください。

●音楽につながる基礎練習

　私が技術だけではない基礎練習の大切さに最初に気が付いたのは、学生の時にプロのオーケストラで演奏したときでした。そして、ヨーロッパの(つ

まり本家本元の）素晴らしいプレイヤー達とアンサンブルをしたことがきっかけで、機械のように正確な音だけでは描けないところに音楽の魅力があるのだと確信するに至ったのです。

　限られた時間の中で、さまざまなプレイヤー達とステージでいちばん良い音楽を共有するためには、決められた通りに演奏できることよりも、みんなで出した音や音楽をよく聴き合い、柔軟に演奏できる事が大切です。毎日機械的な練習ばかりしているのに、合奏になったときだけ突然柔軟に演奏できたりはしません。自分一人の音で満足するためではなく、合奏のときにほかの人の音も聴きながら演奏して楽しむための「余裕」を持つためにも、表情豊かな音楽につながる基礎練習をしてほしいのです。

　そして、いつでも理想とする音を思い描けるように、たくさんの魅力的な演奏に触れてください。自分もそのように吹きたいという楽しみと目的を忘れずに、気長に基礎練習に取り組みましょう。

column コラム ファゴットの成り立ち

　正確な成り立ちは謎に包まれていますが、16世紀に現れた「ドゥルシアン」という二つ折りの姿でダブルリードを用いていたこの楽器が、現在のファゴットに形も近く祖先であると言われています。現在のファゴットはたくさんのキイが充実していますが、ドゥルシアンはリコーダーのようにトーンホールが主で、モーツァルトの協奏曲ができた18世紀中頃にやっとキイが6つくらいになったのです。ヨーロッパでは19世紀に入ると、ほかの管楽器も進化して演奏技術の幅が広がりました。ファゴットもキイがたくさんついたシステムと、コントロールしやすい音程、幅広い音量を手に入れるようになり、現在のファゴットのスタイルが確立されていきました。この最新のドイツ式のファゴットがイタリアやイギリス、アメリカに広まったのです。一方、フランスでは改造される前の仕組みを継承したファゴットが生き残りました。こちらの楽器は通常「バッソン」と呼ばれていて、古くからのスタイルでキイも少ないため、運指やリードの大きさもドイツ式のファゴットとは異なっています。数は少なくなりましたが、現在でもフランスをはじめバッソンの演奏家がいます。

ロングトーンの基礎

●一つ一つの音で吹き心地は異なる

　ファゴットでは一つ一つの音に吹き心地や響きの違いがあり、個性があります。演奏者は10本の指すべてを使い、異なるトーンホール（音孔）やタンポを閉じたり開いたりすることで息の通り道を変化させ、音を出します。一つ一つの音で息の流れが異なるので、息の入り具合（抵抗感）や吹き心地も変わり、演奏者の体（唇や口内）が音から受ける感覚にも、音ごとにそれぞれ違う印象があると思います。たとえば、𝄢 の音と 𝄢 の音を吹く場合は、ほぼ同じ運指でも必要な息のスピードは異なります。

●自由に表現するための練習

　このように多様な音をコントロールして、自由に演奏できるようになるためには、練習で息づかいやアンブシュア、全身の使い方を一つの型で固めておくのではなく、表現したい音に対して柔軟に対応できるような準備をしておくことが大切です。ロングトーンの練習はそのための第一歩。まずはファゴットが持つそれぞれの音の「性格」を理解し、その音を鳴らすために必要な息づかいを覚え、いつでも安心して演奏に臨めるように練習しましょう。

●ロングトーンの基本練習

　まずは、基本的なロングトーンの練習によって、健康的な音を出すために必要な呼吸法やアンブシュア、体の状態を少しずつ覚えていきましょう。次の音を吹いてみてください。

譜例1　吹きやすい音でロングトーンを吹いてみよう

譜例とは別の音、たとえば などで吹いてもよいので、息の消耗が少なく出しやすい、ピッチがブレにくい音を選びましょう。高音域よりは、低音域の音のほうが出しやすいと思います。
　自分の選んだ音をきれいに発音できて、揺れることのない安定した状態を保ちながら、自然に音を吹き終えられましたか？

　ロングトーンの練習では、**音程や音色に気をつけたいタイミング**が３つあります。それぞれの段階で、音程や音色が崩れず、最初から最後までしっかりと、おなかで支えた息を十分に保ちながら吹くことが大切です。

> ここを CHECK！
> ① 発音する（音を鳴らす）とき
> ② 音を安定させて保つ（延ばす）とき
> ③ 吹き終えるとき

　特に発音の直前と、舌を突く瞬間は、唇や口内だけでなく、喉や肩、上半身のさまざまなところに力が入り、結果的に唇にも力が入ってリードの開きを閉じてしまいがちです。息がスムーズに通るように、吹き始めから最後まで力みがないかどうかを、全身の感覚で確かめてみてください。

　音を吹き終える③のタイミングでは、舌でリードをふさいだり、喉に力を込めて「うっ」と息を止めたりして音を切らないでください。音を止めようと意識するのではなく、ため息のように、おなかでしっかりと支えつつ息を自然に吐ききるようにします。吹き終えるときに、唇や舌を動かそうと意識する必要はありません。
　最初のうちは、ロングトーンの音を出して少ししてから音色や音程が安定してくることが多いと思います。安定しているときの息のスピード感やおな

かの支え、アンブシュアのベストな状態をしっかりと覚えておきましょう。そして、音を延ばしているときだけでなく、音を出す前から音が消えた後まで、このベストな体の状態を常に保つように練習してみましょう。

さらにほかの音でもトライし、慣れてきたら音の長さを4拍から6拍、8拍……と徐々に延ばしていきます。

●低音域と高音域の息の違い

低音域では、高音域よりも多くのタンポを閉じるため、音が下がっていくにつれて息の抵抗が増え、発音も難しくなっていきます。下方に幅広く吹くようなイメージで、しっかりと息を入れましょう。また、リードの開きが狭いと上手に発音できないので、息をしっかり入れながらも、アンブシュアはリラックスしたまま吹けるように練習しましょう。

高音域を吹くときは、息をやや細くリードの中心に集め、速いスピードで吹き込むイメージをもちましょう。ただし、これだけでは音が固くなってしまいます。裏声の抜けるようなイメージも併せもつとよいでしょう。

●すべての音で練習

どの音でも、前ページで掲げた①〜③それぞれのタイミングで、上半身に余分な力が入っていないか、アンブシュアと舌で息の通り道をふさいでいないか、そしてたっぷりと余裕のある息づかいができているかなど、一つずつの感覚を確かめながら練習します。

また、体に力が入っていても、自覚がない場合がほとんどだと思います。自分がどんな吹き方をしているのかを知るためにも、鏡を見ながらロングトーンの練習を行いましょう。

音楽は耳で聴くものだとと思うかもしれませんが、こと演奏に関しては、目から入ってくる情報も大切な判断材料になります。力みの有無だけでなく、演奏姿勢なども一緒に見て、自分の状態を確認しましょう。

ロングトーンの応用練習
(ダイナミクス)

基本のロングトーンに慣れてきたら、応用編にチャレンジです。

実際に何かの曲を演奏するときは自分の吹きやすい音量で吹けることはほとんどなく、いつでも音楽のシーンによって求められている強弱やニュアンスに従って音を出す必要があります。

● **デクレシェンドとクレシェンド**

次の譜例を吹いてみましょう。まずは吹きやすい音量で音を出し、その後、徐々にデクレシェンドして p まで音量を落とします。息の消耗が少なく出しやすい、ピッチがブレにくい音であれば、ほかの高さの音でもかまいません。

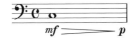

譜例2　ロングトーンのデクレシェンド

次の譜例も吹いてみましょう。喉の開きやおなかの支え、アンブシュアは保ったまま、p で吹き始めます。そして徐々にクレシェンドして、f まで到達してください。

譜例3　ロングートーンのクレシェンド

息のスピードと圧力、これらをどのように変化させればよいのか、初めはスムーズにできなくてもかまいませんので、いろいろと試してみてください。

譜例4　クレシェンドとデクレシェンドの組み合わせ

　クレシェンドではピッチが上がりやすく、デクレシェンドではピッチが下がりやすくなります。耳でよく聴きながら、正しいピッチを保てるように練習しましょう。

●大切なのは毎日の積み重ね

　すべての音で譜例2〜4までの練習をできるのがいちばんですが、時間がないときは、例えば練習中の曲でスムーズに吹けないフレーズの中から、苦手だと感じる音だけをピックアップしてロングトーンで練習をしてみましょう。

　これはもちろん、曲の中で苦手ポイントを克服する練習なのですが、逆の見方をすれば、無機質になりがちなロングトーン練習に実際の曲を持ち込んでいるのです。「モーツァルトの交響曲の中のこの小節の音！」「大好きなあの曲の最後の音のデクレシェンド！」と思うと、楽譜の見え方が変わってくるのではないでしょうか。音域のすべての音を、実際の曲の中から探し集めてみるのもよいかもしれませんね。

　「目指す音」（p.32）にも書いたように、基礎練習は「表情豊かで温かみのある音楽」を作るための練習です。完璧を求めるあまり、音楽からかけ離れたテクニックだけの練習にならないように気をつけましょう。

　ファゴットのすべての音は、音色や吹き心地に個性があります。息が入りやすい音と入りにくい音、響きやすい音と詰まりやすい音などなど。ファゴットは音域が3オクターヴ半と広いため、すべての音の性格を知り尽くすことは簡単ではありません。何日かの練習ですぐに身に付くものでもないので、毎日の積み重ねで少しずつ、個性あるそれぞれの音と付き合っていくことが大切です。

　ロングトーン練習は、一つ一つの音とじっくり向き合う時間でもあります。音の違いを楽しみながら取り組みましょう。

タンギング

タンギング、つまり音の発音の瞬間というのは、息づかいとともに、音楽の表情を変える大切な要素になります。ファゴットには軽く弾むようなタンギングのイメージがあると思いますが、それだけではありません。やさしい静かなタンギング、重々しくリズムを刻むタンギングなど、その表情はさまざまです。タンギングの具体的な方法を見ていきましょう。

●舌やアンブシュアはリラックス

タンギングをするときは、音量や強弱にかかわらず、いつも舌やアンブシュアがリラックスしている必要があります。fで強く大きい音を出したいときに、力いっぱい舌を突こうとしていませんか？　ファゴットはリードに息が入って振動することで初めて音が出る楽器です。リードに息が入るのは、舌がリードから離れたときです。リードに舌が付いているときは、どれだけ力を入れても音は出ません。舌は、タイミング良く息の通り道を開けてあげるだけでよいのです。このときに「**息を出すタイミングと強さ**」と「**舌を離すタイミングとスピード**」を組み合わせることで、さまざまな音の表情をつくり出します。

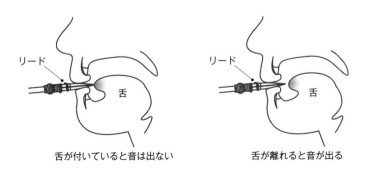

図3　リードと舌の関係。リードに息が入ったときに音が出る

●タンギングの基本練習

次の譜例で、舌をリラックスさせながらリズミカルに動かすコツをつかみましょう。

譜例5　音を一つ一つ切る意識ではなく、息の大きな長い流れを感じながら舌を「軽く」突く意識で

　１小節目はロングトーンのイメージで。２小節目はロングトーンのイメージのまま、３拍目に軽くタンギングします。３小節目では４分音符のリズムでタンギングをします。ロングトーンからしだいにタンギングが細かくなっていきますが、２小節目、３小節目でも、ロングトーンのときと同じく息が流れ続けるイメージを保ってください。３小節続けての練習のほかに、各小節ごとに繰り返して練習してもよいですね。慣れてきたら、４小節目の８分音符のリズムでも練習してみましょう。

　この練習のポイントは、楽譜に書かれた音を一つ一つ切ろうと意識するのではなく、２小節目以降でも、１小節目で４拍分延ばしているときの息の大きな長い流れを感じながら「軽く」舌を突くことです。タンギングで音がブツブツと途切れずに、滑らかにつながるためには、舌がリードに接している時間を短くすることと、舌を突いたら素早く離れることが大事です。**スッと舌を離す**イメージをもつといいでしょう。力を入れて舌を大きくバタバタと動かす必要はありません。力が入ると舌を速く動かせないからです。

　速いタンギングが苦手な人は、舌の力を抜くことを意識して練習するとよいでしょう。

●音を吹き終えるとき

　音を吹き終えるときは、舌で息を止めないようにします。横隔膜の動きが緩んで息が減るに従って、自然に音が消えるようにします。大切なことなので、誤解のないようにしましょう。

●ダイナミクスの練習

　タンギングをしながら、ロングトーンでも行ったクレシェンドとデクレシェンドの練習をしてみましょう。

譜例6　タンギングとダイナミクスの組み合わせ

　この練習でも、常に息の大きな流れを感じながらタンギングしましょう。舌を突くことで音量に急な段差が付いたり、弱音のときにアクセントが付いたような、とがった発音にならないように注意しましょう。

●テヌート、スタッカートの練習

　基本的なアーティキュレーションであるテヌートとスタッカートの練習をしてみましょう。

譜例7　テヌートの練習（左）とスタッカートの練習（右）

　テヌートでは、音を長めに保ちながら次の音へなめらかに移行します。次に舌を突くまで、しっかりと息を保ちましょう。
　スタッカートでは、一音一音を弾（はず）むように吹きます。おなかから「ハッハッ」としっかりと息を弾ませて音を切りましょう。

　どのアーティキュレーションでも、舌が動くときに唇や喉を絞めてリードを閉じたり、息の流れを途切れさせないように意識しましょう。
　舌の根元が疲れて動きが鈍くなったら、少し休憩しましょう。疲れたまま練習をしても、効率が悪く、上達はしません。

音階

さまざまな調性の曲を演奏できるようになるためには、音階（スケール）の練習をすることが必要です。調号の数が増えるほど難易度も増していきますが、まずは調号が４個程度までの長調の音階をしっかりマスターするのを目標にしましょう。

音階練習では、音が移り変わっていくなかで息づかいと指の動きをタイミングよく合わせることが大切です。そのためにはまず、正しい運指を覚えておく必要があります。はじめは、ゆっくりと運指を確認しながら練習しましょう。できるようになったら、短調も含めたすべての音階を練習します。

●音階練習のポイントは二つ

●指をなめらかに動かせるようにすること
●音楽（調性）と息づかいの大きな流れ（方向性）を感じること

この二つを両立させることが、音階練習においては大切です。

音符が細かくなると、指の動きを追うことに一生懸命になってしまい、ぎこちない息づかいで変化に乏しい無表情な音になりがちです。基礎練習で出す音は、表情豊かで温かみのある音楽をつくるためのものだということを、いつも心に留めておきましょう。

●「練習方法」を学ぼう

ト長調の音階を例に、練習方法を説明していきます。

譜例8　ト長調の音階

①**全体をゆっくり吹く**

　全体をゆっくり吹きましょう。指が転ばずに、スムーズに吹けるくらいの「ゆっくり」です。

　ゆっくり吹いてみると、○で囲った 𝄢 から 𝄢 の部分が難しいと感じたのではないでしょうか？　この部分では音が変わるときに多くの指を動かす必要があるうえに、左手人さし指のハーフホールが難しいからです。

　速いテンポだと、指が転んでいても勢いで通り過ぎたり、難しい箇所がどんな理由で難しいのか、原因を正確に観察することができません。だからこそ、指がスムーズに問題なく動けるくらいの「ゆっくり」のテンポで、難しさの中身を把握するのです。

②**難しい部分だけを繰り返し練習する**

　さきほどのゆっくりのテンポから始め、指がだんだん速く動くように、難しい部分だけを繰り返し練習します。このとき、**指に必要以上の力を入れないようにしましょう**。ギュッと指に力を入れてトーンホールやキイを押さえたり、指が反るくらいに力任せにトーンホールやキイから離そうとしないように注意してください。鏡を見て、指をバタバタと必要以上に動かしていないかどうかチェックすることも大切です。

③**音の並びをフレーズとして捉える**

　次は息づかいについて考えてみましょう。ト長調の主音である 𝄢 、𝄢 の音を、たっぷりとした息づかいで吹きます。

譜例9　たっぷりした息づかいで、ダイナミクスの動きを伴って

このとき、次のようなイメージをもってください。

●**オクターヴ上がるとき**

　エネルギーを増していき、息の流れを徐々に速くする

●**オクターヴ下がるとき**

　増加したエネルギーをゆるやかに落ち着かせ、息の流れを緩ませる

このイメージをもとに、大きな息づかいの流れはそのまま保ちながら、もう一度ト長調の音階を吹いてみましょう。今度は、指の動きだけに集中することなく、音階をのびやかに一つのフレーズとして捉えられたのではないかと思います。

譜例10　音階の上行と下行に応じてエネルギーと息の流れが変化する

●いろいろな調にトライしよう

　さまざまな調で、同じように音階を練習してみましょう。
　　①指の動きをスムーズにする
　　②主音のオクターヴの上がり下がりを使って息づかいのスピードや幅の変化を感じる
　　③その息づかいのイメージで音階を吹く
の順です。
　初めはすべてスラーで。慣れてきたら次にレガートやスタッカートで、アーティキュレーションを変えて吹いてみましょう。

　音階練習というと、機械的に指の運動をするトレーニングのように思われがちですが、それぞれの調の響きをよく感じることはとても大切です。たとえ一つ一つは短い音階であっても音が美しいかどうか、自分の耳でよく聴きながら、歌うようにのびやかに吹いてください。

　ここで紹介した練習方法は、音階以外の要素の練習にも応用できます。
　ふだん練習している曲で苦戦しているフレーズがあったら、その部分だけを取り出して、ここで紹介する方法で練習してみましょう。いろいろな場面に応用できるので、ぜひ試してみてください。

ヴィブラート

●魅惑のヴィブラート

　管楽器だけではなく素晴らしい歌手や弦楽器の演奏を聴くと、美しいヴィブラートが印象に残ることがあります。「これ以上の幸せはないわ!」と感激した気持ちがあふれるようにヴィブラートをかけられることもあれば、おだやかな気持ちでゆったりとかけたり……さまざまな喜怒哀楽といった感情や情景を伝える力があります。基礎をクリアしてさまざまな曲に取り組むようになったら、より表情豊かに演奏するためにヴィブラートの練習も始めてみましょう。

●ヴィブラートは「波」

　ヴィブラートで自由に歌うためには、自分の意志でヴィブラートの「波」をコントロールできるようにトレーニングする必要があります。

　ファゴットのヴィブラートは、ピッチの上下ではありません。おなかを使う息の圧力の強弱=素早い f と p の連続によって「波」をつくります。「ロングトーンの応用練習」(p.37)で、ダイナミクスを変化させてもピッチが上下しないように練習しましたね。ヴィブラートでも同じことです。

　ヴィブラートの「波」は、次の譜例のように練習します。♩=60前後のテンポで、波の部分とロングトーンと交互に吹き、息の流れとピッチを確認することが大切です。しだいに波の間隔を細かくしていきます。

譜例11　波の部分とロングトーンを交互に吹く。テンポを遅くしたり速くしたり、組み合わせはさまざま

練習では、次の3点を意識しておきましょう。
- ●唇を動かして波をつくろうとしない
- ●耳でよく聴いて、基準のピッチから外れていないことを確認する
- ●ロングトーンで、ピッチと安定した息の流れを常に確認する

ここで紹介したトレーニングは、あくまでもヴィブラートを自由に曲中で取り入れるための基本練習です。実際の演奏では、この練習で目指しているような規則正しい均一なヴィブラートを使うことは、あまりありません。実際の演奏では、どのようにヴィブラートをかけるのでしょうか？

●多様な波

曲のフレーズの中では重要な音を強調するためにヴィブラートをかけますが、ヴィブラートの波の幅が広く間隔が細かいこともあれば、ハーモニーに溶け込む柔らかさを得るために波の幅を狭くゆるやかにすることもあります。ヴィブラートの波の幅広さや間隔、強弱は、変化に富んでいます。

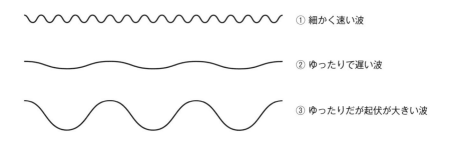

図4　ヴィブラートの波の例。ヴィブラートには、これ以外にもいろいろな種類の波がある

●練習曲にヴィブラートをかけてみよう

シンプルで短く簡単なフレーズを使って、長い音にヴィブラートをかける練習をしましょう。ここでは、ヴァイセンボーンの『ファゴット練習曲(Bassoon Studies) Op.8』の第1巻の第1番で練習します。

譜例 12　ヴァイセンボーン：『ファゴット練習曲 Op.8』第 1 巻第 1 番

　この曲の長い音符である 2 分音符にヴィブラートをかけてみましょう。ロングトーンの息の流れのイメージを忘れないようにしてください。
　ヴィブラートを自由に扱えるようになったら、ソロ曲やアンサンブル、オーケストラの曲でも練習してみましょう。ただし、音の方向性や強弱などの表情、音程をつかむためにも、**必ず最初はヴィブラートなしで練習**するようにしてください。

●ヴィブラートは使い方を考えて

　ヴィブラートのかけ方に正解はありません。ファゴットに限らず、オーボエやフルート、弦楽器や歌など、さまざまな演奏を聴いて研究するとヒントが見つかると思います。その演奏からは、どのような曲調、気持ち、表情が伝わりましたか？　緊迫して激しいのか、悲しみを表すような深さがあるのか、爽やかでリラックスしているのか……あなたが演奏するときにも、表現したいイメージをつかんだうえで、ヴィブラートのかけ方を研究しましょう。
　反対に、ヴィブラートをかけないことで得られる効果もあります。メロディではなくハーモニーの一部の音であれば、ノン・ヴィブラートで真っすぐに延ばしたほうがほかの音と溶け合いやすくきれいですし、歌う箇所であっても寂しげな音にしたいときやフレーズの終わりなどは、ヴィブラートをあまりかけないほうが自然で、印象に残ります。
　ヴィブラートは音楽を豊かに表現する武器である一方、音程が不安定になる、曲調やフレーズに合わずに違和感が生まれるといったリスクも抱えています。基礎力が身に付き、一つ一つの曲をきちんと演奏できる力を身に付けてから取り組みましょう。

特殊な指使い

ファゴットならではの特殊な指使いを紹介します。いずれもスムーズな演奏には欠かせない要素です。ミスを減らし確実に音を出せるようになるためにも、しっかりマスターしましょう。

●ハーフ・ホール

左手の人さし指で押さえるEトーンホールを少し隙間を開ける押さえ方を、ハーフ・ホールと呼びます。譜例13に示した5つの音で、発音をクリアにする効果があります。

譜例13　ハーフ・ホールを使う音

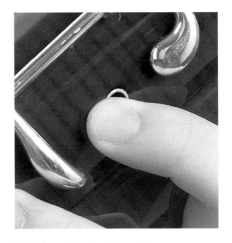

写真18　ハーフ・ホールの押さえ方

次ページの譜例13のように、ハーフ・ホールへと移る音の動きでは、次のことに注意しましょう。

- ●穴の開きが狭いと雑音が混じり、音が濁る
- ●穴の開きが大き過ぎると、音がひっくり返る
- ●ハーフ・ホールにする人さし指の動きと、他の指の動きとの
タイミングを合わせる

また、ほぼ同じ運指のままハーフ・ホールを使う音へと移るときには、音が上がるときは上方へ、下るときは下方へと息の方向を向けて、音が移るタイミングで素早くしっかりと息を入れます（譜例14）。

譜例 14　ハーフ・ホールの音に移動する音型の例

譜例 15　ほぼ同じ運指で、ハーフ・ホールを使う音へ移る

● *pp* キイ

　ボーカルの根元近くにあるタンポを閉じるためのキイが *pp* キイです（p.15 写真６参照）。

　pp キイは中低音域の発音を確実にする効果があり、𝄢、𝄢 と、𝄢 以下の音域では常に使用しますが、𝄢 から下の音域では押さえる必要がありません。右手親指で押さえるローEキイと連動して、ボーカルの根元近くにあるタンポが閉じる仕組みになっているからです。ただし、連結が確実でない場合もあるので、低音域の発音に不安があるときは、*pp* キイ押さえて発音を確実にすると良いでしょう。

　また、速くて難しいパッセージを吹くときなど、発音の濁りが気にならないときには *pp* キイを省略してもかまいません。

●ロック・キイ

　ロック・キイは *pp* キイを常に閉じた状態にするキイです。中低音域が連続し、*pp* キイを押さえ続けなくてはいけないような状況では、ロック・キイを使用することで左手親指の負担を減らすことができます。

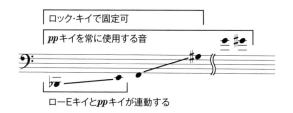

譜例 16　　*pp* キイとローEキイ、ロック・キイの関係

慣れるととても便利なキイですが、使う際にはあらかじめ開閉のタイミングを決めておきましょう。 $\bf{\textit{pp}}$ キイを使いたくない音がパッセージに混ざっている場合、途中でロック・キイを開けたくても間に合わない場合があります。

●フリック・キイ

 🎼 、 🎼 、 🎼 🎼 の4つの音を発音するときは、発音をクリアにするために必ずフリック・キイを押さえます。

$\bf{\textit{pp}}$ キイやロック・キイのようにフリック・キイという名前のキイが存在しているわけではなく、発音のタイミングに合わせて指を軽く動かして（＝フリック［flick］して）操作するキイのことを総称してフリック・キイと呼んでいるのです。

🎼 ではAキイを。 🎼 、 🎼 ではハイCキイを、 🎼 ではハイCキイかハイDキイを操作してください。

発音のタイミングに合わせて軽く触れ、音が出たらすぐに離してかまいませんが、発音する前にフリックして発音の瞬間に指を離してしまうと、結局はキイを押さえていないことになりますからタイミングに注意してください。$\bf{\textit{pp}}$ キイと同じで、速いパッセージで発音が濁らない範囲であれば省略することも可能です。

譜例17　フリック・キイを使う音は全部で4音

●確実にマスターしよう

ここに挙げた奏法をしっかりマスターすることで、多くのミスを減らすことができます。逆に、テクニックでつまずいたときは、これらの奏法を見直してゆっくりと確実に練習しましょう。

ピッチのコントロール

●ピッチを頭の中で鳴らせていますか?

演奏中にピッチが上手にとれないときは、大きく分けて次の二つの原因が考えられます。

① 頭の中で正しいピッチが鳴らせていない(歌えていない)
② 正しいピッチを頭の中で歌えるので、ピッチがずれていることは分かるが、うまく修正できない

ピッチで悩んでいるとき、ほとんどの場合、①が当てはまります。次のような練習をしてみましょう。

●頭の中でピッチをイメージ

次のように、頭の中でピッチのイメージをつくってみましょう。

> ① ピアノ(またはチューナーの電子音など)で音を鳴らす
> ② 音を止めて、頭の中で同じ音を歌い続ける
> ③ 実際に声に出して歌う
> ④ 最後に、もう一度ピアノでその音を弾いて、ピッチが同じかどうかを確認する

この練習は、ソルフェージュの第一歩でもあります。慣れてきたら2音、3音のつながりで同じように練習することもできますし、楽譜の音を読んで、頭の中で同じ音を歌ってみることもできます。

積み重ねていくことで着実に力が育っていく練習なので、できるだけ丁寧に繰り返してみてください。

●ファゴットでのピッチ調整

　頭の中で音を鳴らせるようになったら、楽器で音を出してみます。基準よりもピッチが高いのか低いのか、チューナーで確認しましょう。

◆ピッチが高いとき

> ▶ **唇や顎に力が入り、リードの開きが狭くなっている。またはリード自体の開きが狭過ぎる**
> 　　→唇を緩める。リードの開きが広くなるよう微調整する
> ▶ **息のスピードが速過ぎる・強過ぎる**
> 　　→息のスピードを緩める
> ▶ **息を入れる方向がリードよりも上に向かっている**
> 　　→息の通り道をリードよりも下に広げるようなイメージで吹く

◆ピッチが低いとき

> ▶ **顎や喉の奥を下げようと意識し過ぎている**
> 　　→口内が広いイメージは大切だが、意識し過ぎない
> ▶ **リード自体の開きが大き過ぎる**
> 　　→リードの開きが少し狭くなるように調整する
> ▶ **息のスピードが遅い**
> 　　→息のスピードを速める。息を入れる方向を上向きにしてみる

　どの音も、発音から音が消えるときまで、ピッチは一定に保ちます。
　よく見られる傾向として、発音の瞬間に力むと唇が閉まってピッチは高くなりやすく、音が消える直前で息の圧力が弱まるとピッチは下がりやすくなります。

「ロングトーンの応用練習」（p.37）で、音によって吹き心地や感触が異なると書きましたが、ピッチについても、正しいピッチを保てる力加減は音によって異なります。

●基礎練習をしながらピッチを確認

ロングトーンやタンギングの練習で、ピッチを確認する習慣をつけましょう。ピッチの確認にはチューナーを使いますが、針の動きを見てからピッチを調節するのではなく、自分が吹いている音の「現在地」を確認するようにしましょう。この練習は、さきほど練習した「頭の中でピッチをイメージ」とつながっています。あくまでも自分のイメージから生まれたピッチが存在している、それをチューナーで確認するのです。

●環境による変化

管楽器は、楽器が冷えるとピッチが下がり、温まるとピッチが上がります。また、ボーカルによってもピッチは変ります。ファゴットを購入すると、通常はボーカルが2本付いてきますが、より長い2番のほうがピッチは低くなり、同時に、音色や吹奏感も変化します。ピッチが高いときにボーカルを少し抜くという話を耳にすることがありますが、ボーカルを抜いてもピッチはあまり変わりませんし、ボーカルを抜くことで響きのバランスが変わってしまうのでおすすめできません。また、リードによってもピッチに差が出ます。

●調性や和声の意識も重要

一つ一つの音を調整するだけでなく、音階練習などでハーモニー（調性）の感覚を身に付けることも大切です。たとえば、長調の明るい響きなのか短調の暗い響きなのか。響きの感覚を養うには、その調の主要3和音（主和音、下属和音、属和音）をピアノで弾いて聴きながら歌ってみるなど、ファゴットから少し離れた勉強をすることも必要です。

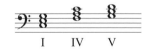

譜例18　ハ長調の主要3和音

エチュードの取り組み方

●簡単なエチュードを繰り返す

　基礎練習をこなして、運指も覚えて音階も吹けるようになってきたら、徐々にエチュードにも取り組んでいきましょう。

　最初は簡単なものを繰り返し、確実に吹けるようにしていきます。まずはテンポ、拍子、調性、音部記号、臨時記号をチェックして、読譜しておくこと。吹いてみて、難しい箇所やリズムや音程もチェックしましょう。スムーズに吹けない箇所は必ず取り出して、ゆっくりのテンポで確認し、メトロノームを使って練習します。

　さらに、アーティキュレーションや強弱、発音記号も確実に吹き分ける練習をします。そして、淡々と通して吹くだけでなく、曲の「起承転結」を見定めて吹きましょう。

　また、演奏中に間違えても止まらずに吹き通すことも忘れずに。通して吹く練習のときはメトロノームを使い、リズムやテンポが崩れてしまう箇所も見つけておきましょう。

●ゆっくり確実に、数をこなす

　エチュードは、丁寧に繰り返して確実にしていくことと、そのうえで数をこなしてさまざまな曲調やパターンに慣れること、このどちらも大切です。

　初めのうちは、曲が長くなってくると息が上がってしまい、スタミナがもたなくなることが多々あります。落ち着いてブレスの時間を取る、細かくブレスを取る、余分な力を抜く、などの「楽をするワザ」を覚えていきましょう。ペース配分を体が自然に覚えるまで慣れることも必要です。

●初心者向けのエチュード

◆ヴァイセンボーン：Bassoon Studies Op.8　第1巻

　初心者向けの定番エチュードです。最初のほうは短いシンプルなエチュードですが、徐々に難しく長くなっていきます。第1巻が終わったら、第2巻に進みましょう。繰り返し何度も練習することで、基本的な音程やリズム、テクニックを学ぶのに最適なエチュードです。ちなみに、Bassoon（バスーン）は英語でファゴットのこと。本書のなかでは「ファゴット」で統一していますが、バスーンという呼び方も覚えておきましょう。

●中・上級者向けのエチュード

◆ミルデ：50 Concert Studies Op.26

　ヴァイセンボーンよりも1曲1曲のボリュームがあり、曲調もそれぞれ特徴があり、テクニック的にも難しくなってきます。エチュードではありますが、どの曲もストーリー性が盛り込まれているので、テクニックを上達させつつ、曲の起承転結を考えて表現する訓練にもなるでしょう。

◆ミルデ：25 Studies in Scales and Chords Op.24

　見開きで、一つの調のスケールとアルペッジョ（分散和音）の2曲セットになっています。ページが進むごとに調号が増えていきます。「50 Concert Studies Op.26」と比べるとやや単調で機械的な曲調です。まずはスケールの方だけを確実に練習して進めていくのも良いでしょう。

◆ウーブラドゥー：Scales and Daily Exercises

　音階のトレーニングです。こちらも調号が一つずつ増えていきますが、曲ではなく、全調が同じパターンでの完全に機械的なエクササイズとなっています。

　調性ごとにスケール、3度の練習、4度の練習、分散和音と盛り込まれていて、全てを完璧にこなす事は難しく時間もかかるので、まずはスケールだけを、次に3度や分散和音を練習するなど、上手に利用しましょう。

◆ジャンピエリ：16 Daily Studies

　1曲の中に、全ての調性が含まれて一巡していく珍しいエチュードです。どの曲も、一つの同じフレーズを転調しながら何度も繰り返していくので、どの曲を選んでも、一曲の中ですべての調性に少しずつ触れることができる仕組みになっています。

　特に1曲目のノーマルなスケールは、指のウォーミングアップにも適しています。

●エチュード番外編

◆ガッティ：Grand Studies for Bassoon

　私自身、あっという間に挫折したエチュードです。学生の頃に楽譜を買ってはみたものの、1曲目から難しすぎてまったく進まずに終わってしまいました。いまだに取り組む気にはなれません……。闘志あふれる方は挑戦してみてください。

　ファゴットを演奏する誰もが苦手とするような難しい運指の特訓となるような曲が、これでもかというほどに敷き詰められたエチュードです。嫌いな食べ物を山盛りで目の前に出されたような気持ちになるかましれませんが、それを克服して全曲マスターできれば、きっと無敵の奏者になれるでしょう。

●レベルに合ったエチュードを選ぶ

　ここでは、主に私が取り組んだエチュードや、多くの初心者や音大生が取り組んでいるものの中からピックアップしました。

　エチュードは、1冊だけに取り組むのではなく、音楽的な内容も入ったものと、機械的なスケールのものを二つ、並行して取り組めるとよいと思います。

　最初は、読譜でつまずくような長くて難しい1曲に時間をかけるよりは、ヴァイセンボーンのように短くて難易度の低いエチュードを繰り返し、確実に練習して、触れる曲数を増やすことをおすすめします。

　また、エチュードは一度取り組み終えたらおしまいではなく、時間をおいて何度でも自由に練習すると、より一層の成果が得られます。

毎日の基礎練習

ここまでに見てきた基礎練習の流れを振り返りながら、ポイントをまとめました。参考にしてみてください。

●基礎練習の流れ

①体をほぐす
②軽く音出しをして、リードや楽器の状態をチェックする
③姿勢やアンブシュアを確かめながらロングトーンの練習
④音階や練習曲の練習
⑤楽器を片付けつつ今日の演奏を振り返る

以上の順番です。一つ一つのポイントを細かく見ていきましょう。

①体をほぐす

まずは体のウォームアップ。肩や指を回し軽くほぐしましょう。そして楽器を持つ前に、楽器を吹くことをイメージしながら、「おなかからたっぷり息を吐く→軽く吸う」腹式呼吸を何度か繰り返します。体の内部をほぐすようなつもりで取り組みましょう。

②軽く音出しをして、リードや楽器の状態をチェックする

リードは日々変化をしていきます。軽く音を出して抵抗感や響きの感触を確かめてみましょう。必要なら、掃除もしましょう。ゆっくりと半音階ですべての音を出し、鳴らない音がないか、楽器に異常がないかもチェックします。

③姿勢やアンブシュアを確かめながらロングトーンの練習

ロングトーンは特に低音域をしっかり練習します。アンブシュアがリラックスしやすいことと、息を深くたっぷり吐きやすいので、低音域のロングトーンはウォームアップにおすすめです。

そして、ただ真っすぐに音を延ばすだけではなく、練習内容を工夫しましょう。実際に曲を吹くときに役立つ練習になるように、心掛けてください。
▶息の圧力やスピードを変化させ、クレシェンドやデクレシェンドのコントロールを確実にする
▶音の発音を $p \to mp \to mf \to f$ と変化させ、それぞれの強弱で確実に発音できるようにする

といった練習もおすすめです。

④音階やエチュードの練習

音階練習は、機械的に指を動かすのではなく、今吹いている調性の響きをよく感じてください。たとえ音符が細かく難しくても、息づかいは大きく長く取ることを心掛けます。

また、エチュードではあっても１曲のなかで音楽の流れをよく理解することは大切です。拍子や調性（途中でこの二つが変化することもあります）を確認し、どこまでが一つのフレーズなのか、いちばんの山場はどこなのか、まずは楽譜をしっかり読みましょう。

●吹けない箇所の練習方法

たとえば指の動きが難しくてスムーズに吹けないとき、速いテンポのままたくさん練習しても、なかなか吹けるようにはなりません。まずは落ち着いてゆっくり吹き、指の動きや舌を突くタイミングのズレがどの箇所で起きているのかを見つけましょう。そして次のような練習法を試してください。

◆リズムを変化させる

付点を付けるなど、別のリズムで練習してみましょう（譜例17）。

◆アーティキュレーションを変える

スラーのパッセージであれば舌を突いてみたり、タンギングをするパッセージであればスラーを付けてみたりしましょう

譜例19　ヴァイセンボーン：『Bassoon Studies Op.8』〈和音の課題第4曲〉。①が原曲、②、③がリズム練習

◆ダイナミクスを変える

　pなら大きめに、fならmpくらいで軽く楽に吹くなどしてみましょう。

　技術面で大切なことは、舌を突くタイミングと息を吹き込むタイミングが、指の動きとそろっていることです。上記のようにリズム、アーティキュレーション、ダイナミクスを変形させて練習をすると、さまざまな状況に柔軟に対応できるようになります。音階の練習でも役立ちます。

●曲を通して仕上げる練習も大切

　フレーズがつながりスムーズに流れて、一つの物語のように曲全体を通して演奏できるように、仕上げにも念入りに取り組んでください。楽器を吹かずに歌って、曲の流れのイメージを頭の中で整理するのもよいでしょう。また、途中でミスをしても止まらずに吹く練習することも大切です。

●自分にとって必要な練習メニューを考える

　決められたことをただ同じように繰り返すのではなく、時間に余裕がない日の基礎練習は短縮する、本番が近付いてきたら曲の通し練習を増やすなど、自分にとって必要な練習メニューを考えてください。その結果、音色や音楽の表現がどう変化したか、自分の耳でよく聴きましょう。

1日10分のデイリートレーニング

　ファゴットを演奏していくうえで大切な基礎体力づくりとなるメニューを一枚の紙にまとめたのが、付録のデイリートレーニング・シートです。

●ロングトーン

　まずはロングトーンでアンブシュアや呼吸、姿勢など、自分の身体の状態を確かめつつ、楽器をしっかりと鳴らしましょう。充実した良い音が鳴らせているときの、おなかの支えや息のスピードを実感してください。そして、ダイナミクスの変化によってピッチがあまり上下しないよう、唇の締め具合やおなかの支え、息のスピードに注意します。

●息づかいとダイナミクス

　一つの長いフレーズを歌うような意識で吹いてみましょう。音の変わり目と指の動きがぴったりとそろうように心掛けます。

●スケール

　指の動きだけを意識するのではなく、必ず息の流れも感じながら吹くようにしましょう。苦手な調はメトロノームを使ってゆっくりなテンポで練習します。すべての調を吹けるようにすることが理想ですが、最初のうちは調号の少ないものから確実にできるようにしましょう。

　いつも心掛けたいのは「音色」「ピッチ」「方向性」、そして演奏する体については、「息づかい」「タンギング」「指使い」です。それぞれの内容については、この本の中にできるだけ丁寧にまとめたつもりです。ときどきは本を読み直して、こまかく基本を再確認するのもよいかもしれません。

独奏楽器としてのファゴット

●独奏楽器のレパートリー

　独奏楽器としてのファゴットのレパートリーを考えてみましょう。
　時代ごとに代表的なものを挙げていくと、バロックではテレマン、ヴィヴァルディのソナタや協奏曲など。古典派ではモーツァルトの協奏曲。近代ではサン＝サーンスの晩年のソナタなどがあり、時代や国ごとに魅力的なソロのレパートリーが他にもたくさんあります。また、現代の作曲家による無伴奏のファゴット曲も生まれています。

●独奏曲では自分が主役

　吹奏楽など大人数で合奏するときは、どちらかと言えば伴奏にまわることが多く、役割もある程度限られ、曲の途中に「お休み」もたくさんあります。しかし、独奏曲では自分が主役となって、一つの曲を最初から最後まで完成させなくてはなりません。
　低音域から高音域まで自在に吹けることはもちろん、最後まで吹き切れるスタミナやテクニックも必要です。そして、曲の中でいちばん盛り上がる部分はどこなのか、そこまでどうつなげるのか、どのように終わるのか、どんな物語性のある曲なのか……曲の構造を理解して組み立てる力も必要です。

●独奏曲の練習ポイント

　独奏曲を演奏するのはとても大変なように思えるかもしれませんが、勉強になりますし、なにより思いどおりに自由に表現できるという楽しさもあります。取り組んでみれば、かけがえのない体験になるはずです。
　ここではソロを演奏するときのポイントを考えてみましょう。

◆**楽譜をよく読む**

　曲の全体を見渡して、いちばん盛り上がっていく部分、静かに流れていく部分、転調などシーンが変わっていく部分、というように大まかにでもよいので、曲の構造を理解します。

◆**フレージングを考える**

　フレーズの中で、最も自然にブレスが取れる箇所を決めていきます。

◆**強弱や表現のバランスを考える**

　曲全体を通して効果的に表現の対比ができるようにバランスを考えます。

◆**人前で演奏する練習**

　人前で独奏するというのは、なかなか緊張するものです。ふだん間違えないところでミスをしたり、思いどおりのびのびと演奏できなかったり……。人前で演奏できる機会があれば、練習のときの自分とどう変わるのかを感じてください。そして、演奏を聴いてお客さんにどんな気持ちになってほしいのか、もう一度考えてみましょう。

●ピアノ・パート（スコア）も必ず読む

　ファゴットの独奏曲は、ピアノ伴奏のものが多いです。自分のパート譜だけではなく、常にピアノ・パートの動きも把握します。曲を組み立てたり実際に演奏したりするとき、スコアを読んで曲全体をとらえましょう。「スコアの使い方」（p.73）も参照してください。

　1曲を通して練習することはもちろん、運指が難しい箇所を抜き出して確実にすること、一つのフレーズを途切れず美しく歌うためにゆっくりと練習するなど、いろいろと工夫してみましょう。

　しかし、いちばん大切なことは、聴く人に向けてどのような音楽を表現したいのかを常に明確に意識し、そのために効果的な練習をするということです。素晴らしい演奏ができるなら、どのような練習方法でもよいのですから。

きほんの「ん」

ソロのレパートリー

　ファゴットを演奏するからには聴いておきたい、吹いてみたい曲や、有名なパッセージを集めてみました。この中でどれくらいの曲を知っていますか？

◆テレマン：《ファゴットと通奏低音のためのソナタ　ヘ短調》
　バロック音楽の定番作品です。短調の響きが美しく、たっぷり歌える第1、第3楽章と、軽快で躍動感あふれる第2、第4楽章からなります。比較的取り組みやすいので、初心者にもおすすめです。

◆ヴィヴァルディ：《ファゴット協奏曲》
　同じくバロック音楽の定番レパートリーです。イタリアの作曲家らしい、軽快で喜怒哀楽の分かりやすい曲です。ヴィヴァルディのファゴット協奏曲は30曲以上が残されています。

◆モーツァルト：《ファゴット協奏曲》
　もっとも有名で重要なファゴットのレパートリーです。モーツァルトが10代の頃の作品で、明るく爽やかな曲ではありますが、演奏する人の音楽性がはっきりと表れる曲でもあります。そのため、コンクールやオーケストラのオーディションなどでも課題となることが多いです。

◆ウェーバー：《アンダンテとハンガリー風ロンド》、《ファゴット協奏曲》
　どちらの曲も、オペラ作曲家であるウェーバーらしくキャラクターの変化に富んでいて、ファゴットのさまざまな表情を映し出してくれる曲想です。

◆サン＝サーンス：ファゴットとピアノのためのソナタ
　重要なレパートリーの一つで、和声の変化が美しく、ピアノ・パートとのアンサンブルも大切な曲です。

◆イサン・ユン：《モノローグ》
　現代音楽の無伴奏曲です。聴きなじみのある調性（ハーモニー）はなく、特殊奏法など楽器の新たな技術を駆使しつつ展開されていきます。

●ファゴットが活躍するオーケストラ曲

◆リムスキー゠コルサコフ：《シェエラザード》

　第２楽章冒頭の優美なヴァイオリン・ソロの後に、ファゴットの長く自由なソロが続きます。哀愁がありつつもどこか滑稽(こっけい)なフレーズです。

◆ストラヴィンスキー：《春の祭典》

　ファゴットのハイＣで始まる長いソロが、この曲の出だしです。静まり返ったコンサートホールで、最初にたった一人でハイＣを出さなければならない緊張感は、ほかの曲ではなかなか味わえません。この神秘的なソロは、その後オーケストラ全体で展開されていく独特で強烈なリズムや和音と対比をなして、強く印象に残ります。

◆バルトーク：《オーケストラのための協奏曲》

　オーケストラのためのコンチェルト、通称「オケコン」と呼ばれるこの曲では、オーケストラのさまざまな楽器がソロを受け持ってリレーのように交代していきます。なかでも第２楽章の《対(つい)の遊び》はファゴット・デュオから曲が始まり、再現部ではさらにもう一人が加わってファゴット・トリオとなります。ファゴットの活躍を存分に楽しめる曲です。

◆ショスタコーヴィチ：《交響曲第９番》

　全５楽章からなるこの曲では、なんと第４楽章全部がまるまるファゴットのソロ（！）です。弦楽器の伴奏もハーモニーを延ばしているだけで、独白のように長い自由なソロが続きます。ハイＤまで使われている高音域の悲痛な叫びのようなソロは、何を訴えているのでしょうか……。

◆ベートーヴェン：《交響曲第９番》

　「第九」と呼ばれ親しまれているこの曲でも、ファゴットは活躍しています。なかでも美しいのは、誰もが知っている第４楽章の合唱の旋律が、まずはオーケストラの弦楽器から静かに始まる箇所。この旋律に寄り添うファゴットのオブリガート（旋律を引き立たせる助奏のこと）が、とても美しいのです。一転してマーチが突然始まる滑稽なシーンでも、２本のファゴットとコントラファゴットでリズムが始まるなど、注目できるポイントはたくさんあります。

きほんの「ん」

アンサンブルの喜びと役割

　私は中学校の吹奏楽部でファゴットを始めましたが、人数が少ないため一般的な吹奏楽ではなく、おもに木管5重奏などの小編成のアンサンブルで活動していました。それぞれの楽器が躍動しながら合わさっていく面白さや、呼吸を間近に感じることができる親密さや緊張感があり、アンサンブルは本当に楽しくて魅力的でした。

●さまざまなアンサンブルの形態

　ファゴットが加わるアンサンブル曲はたくさんあります。**木管5重奏**（一般的には、フルート、オーボエ、クラリネット、ホルン、ファゴット）がメジャーですが、ほかにも、さまざまな楽器との**2重奏**、オーボエとクラリネットとの**木管3重奏**、管楽器とピアノ、または弦楽器が入ったものなど、組み合わせも規模もさまざまな曲が多くの作曲家によって作られています。

　管楽器同士のアンサンブルはもちろん、弦楽器とのアンサンブル曲もたくさんあります。代表的な曲としては、ベートーヴェンの《7重奏曲》とシューベルトの《8重奏曲》（ヴァイオリン〔後者は×2〕、ヴィオラ、チェロ、コントラバス、クラリネット、ホルン、ファゴット）などでしょうか。ストラヴィンスキーの《兵士の物語》は、弦楽器（ヴァイオリンとコントラバス）、金管楽器（トランペットとトロンボーン）、木管楽器（クラリネットとファゴット）、打楽器、そして語りも入るという、変則的でユニークな曲です。

●「支える」やりがい

　バロック時代の曲では通奏低音の一員として、常にアンサンブルを支えながら音楽をリードしていく役割をになうこともあります。

　「支える」というと陰にまわるようなイメージがありますが、実際には常

に音楽全体を見渡して先を読んでいく必要があり、一歩先であらかじめ道を整えておいてあげるような、とても大切なパートです。伴奏であっても、ほかの楽器と対等に一つの音楽をつくりあげる積極的な姿勢でいなければ、土台としての存在感がなくなってしまいます。自分が土台として支えながら、音楽全体が生き生きと立体的に浮かびあがるようにする……。難しいですが、やりがいも十分にあります。

●共演者と音楽を共有する喜び

　曲のイメージやストーリーをどのように表現していくのか。自分の思うとおりに演奏できるソロや、指揮者が演奏の方向性をある程度決める大編成のオーケストラとは違って、指揮者のいないアンサンブルでは、それぞれの奏者が思い描くイメージが合わないこともあります。言葉でも演奏でも、コミュニケーションを密に取り合いながら、お互いにやり取りしていくことが欠かせません。そうした過程を経て、共演者と一つの音楽をつくりあげ共有できることは大きな喜びとなります。

column　コラム

コントラファゴット

　ファゴットよりも1オクターヴ低い音域を演奏できる、ファゴットの兄弟楽器です。フルートにとってのピッコロや、オーボエにとってのイングリッシュホルンなどと同じで、特殊管と呼ばれています。管楽器は管体が長ければ長いほど低い音が出せるようになる仕組みなので、コントラファゴットを仮に真っすぐに伸ばしたとすると、全長は6メートル近く。ファゴットでは二つ折りだったところが四つ折りとなって、大きさも重さも倍以上となります。

　そんなコントラファゴットがオーケストラに初めて登場したのは、ベートーヴェンの《運命》の第4楽章でした。この頃の作品では主にチェロやコントラバスの補佐として低弦楽器と同じ動きをすることがほとんどですが、時代が下るにつれて、ほかの管楽器と同じようにコントラファゴットもソロも任されるようになります。例えば、ラヴェルの《左手のためのピアノ協奏曲》の冒頭や《マ・メール・ロワ》の野獣のフレーズなど。編成の大きなオーケストラでは活躍することも多いので、ぜひ注目してみてください。

アンサンブルのレパートリー

　曲や楽譜を探すのもアンサンブルの楽しみのうちです。たくさんあるアンサンブルのための作品の中から、知ってもらいたいおすすめの曲を、編成別に紹介します。

●ファゴット・デュオ

◆中川良平：『マイ・メロディー・ブック』
　クラシックに限らず、世界各国の歌など有名曲をファゴット2本で演奏できる編曲集です。どの曲も短めで、取り組みやすいでしょう。

◆モーツァルト：《ファゴットとチェロのためのソナタ 変ロ長調》
　本来はファゴットとチェロのための曲ですが、ファゴットと同じ音域であるチェロ・パートを演奏できます。

◆ロッシーニ：歌劇《セビリャの理髪師》から〈6つのアリア〉（ファゴット2重奏版）
　ロッシーニの有名なアリアを集めた編曲集です。聴いてみるとファゴット2本とは思えないような充実感がありますが、吹いてみると大変かもしれません……。

●木管5重奏

◆ハイドン：《ディヴェルティメント ヘ長調》
　木管5重奏の定番曲です。古典的でシンプルな曲なので、アンサンブルの練習としても取り組みやすいでしょう。

◆ファルカシュ：《17世紀の古いハンガリー舞曲》
　ハンガリーの民族舞曲を元につくられた曲です。リズムやハーモニーが民族調で、親しみやすく楽しい曲です。

◆ ビゼー：《カルメン組曲》（木管５重奏版）

　有名な《カルメン》を木管５重奏で演奏できる編曲です。中でも〈ハバネラ〉などのようにテンポがたっぷりとした曲は難易度が高くなく、取り組みやすいのでおすすめです。

◆ モーツァルト：オペラ《魔笛》序曲（木管５重奏版）

　一般にオペラの序曲は、その後展開されていくストーリーのキャラクターを短い中で表現しています。楽器ごとの音色の違いも楽しめる木管５重奏で、オペラの世界に親しんでみましょう。

●８重奏、９重奏

◆ モーツァルト：《ドン・ジョヴァンニ》（木管８重奏版）

　オーボエ、クラリネット、ホルン、ファゴット各２本ずつの８重奏で演奏できます。オペラのキャラクターやシーンもさまざまに登場し、それぞれの楽器の持ち味も楽しめるでしょう。

◆ グノー：《小交響曲》

　フルートが１本、オーボエ、クラリネット、ホルン、ファゴットが２本ずつという編成のためのオリジナル作品です。９人の奏者でオーケストラのような響きを体感できます。

●アンサンブルの魅力

　ファゴットは木管アンサンブルには欠かせない楽器ですし、少人数でのアンサンブルには、大合奏で演奏するのとは違う楽しさがあります（実際に演奏に取り組むことができればもちろん素晴らしいことですが、室内編成の場合は、メンバーが一人増えるごとに、仲間集めや日程調整、会場探しなどの難易度がグンと上がります）。

　演奏の機会がなくても、コンサートへ足を運んだり、CDなどで聴いて、アンサンブルの中でどんな風にファゴットの音が聞こえてくるのか、体験してみてください。

きほんの「ん」

アンサンブルのピッチ合わせ

　ピアノといっしょにファゴットが演奏するときは、ピアノのピッチに合わせて演奏すればピッチの問題はありませんね。しかし、ほかの管楽器や弦楽器とアンサンブルをするときは、共演者のみんなが正しいピッチで演奏しているつもりでも、ピッチがそろわないことがあります。

●聴き合い、寄り添うアンサンブル

　各奏者がある程度の正確なピッチを身に付けていることはもちろん必要ですが、アンサンブルではそれ以上に、**お互いに聴き合い、寄り添っていく感性**も大切です。基準となるピッチも、楽器も、状況によって変わります。ピアノとのアンサンブルでは、合わせるべき基準が明確でしたが、管楽器や弦楽器とのアンサンブルでは、常に「基準探し」をする必要があるのです。

　ピッチというと、単音をチューナーで正しく測るイメージがあるかもしれません。しかし、音楽には和音や和声（ハーモニー）があり、いくつもの声部が同時に重なり合いながら進行してく「横」の流れがあります。アンサンブルでは、自分の音を単体として正確に吹くだけではなく、複数の音からなるハーモニーの響きも含めて頭の中でイメージでき、実際にその響きを耳で聴きながら演奏することが大切です。

●良い響きのポイントを探す

　アンサンブルで合わせるときは、ピッチだけではなく、息のスピードや音量のバランスなども共演者同士で互いに意識して、良い響きとなるポイントを探します。

　ただし、常に同じ状態、同じピッチで演奏できるとは限りません。共演者と聴き合うことはもちろん必要ですが、本番の演奏ではピッチが合わないときがあっても神経質になり過ぎず、音楽に集中することも大切です。

●二人でできるピッチ合わせ練習法

とてもシンプルなピッチ合わせの練習法を紹介しましょう。ファゴットでもほかの楽器でも、奏者がもう一人いればできる練習法です。

譜例20　ピッチ合わせ練習。音を延ばしているときに、チューナーを見てピッチを確認

手順は次のとおりです。

①奏者Aが根音（ 𝄢 ）を延ばします
②奏者Bが同じ音で加わります（ユニゾンの響き）
③奏者Bが第3音（ 𝄢 ）に移ります（長3度の響き）
④奏者Bが第5音（ 𝄢 ）に移ります（完全5度の響き）
⑤奏者Bが 𝄢 の音を合わせます（オクターヴの響き）

音を延ばしているときに、チューナーでもピッチを確認しましょう。そして、二人で正しいピッチを取れたときの響きを覚えていきましょう。基本となる長3和音の響きをなぞる練習です。

慣れてきたら、「次に出したいピッチ」を先にイメージしてから音を出すことにもチャレンジしてみましょう。根音を別の音に変えたり、AとBの役割を入れ替えたり、練習方法を工夫するのもよいですね。

◆純正律でも合わせる

③の**長3度の響き**のときは、奏者Bがピッチを少し下げてみましょう。響きがピタッとはまって、音のうねりが少なくなるポイントがあります。

この調律を**純正律**と呼びますが、倍音に基づいているので響きが調和しやすいのです。チューナーによっては、純正律のピッチのところにマークがついているものもあります。

●曲の中での合わせ方

　実際の作品には複雑な和音や速いパッセージも出てきますが、要所要所の和音でピッチを合わせられれば、アンサンブルの質が高まります。

　誰がどの音を担当しているか状況を把握したら、次の手順で練習します。各段階でピッチがそろったことを確認してから次へ進むようにしましょう。

> ①和音の中で同じ音を受け持つパート同士で合わせる
> ②第3音を①のパートに重ねていく
> ③第5音を①②のパートに重ねていく

これを、次の楽譜で試してみましょう。

譜例21　ダンツィ:《木管五重奏曲　変ロ長調》op.56-1　第1楽章。最後の和音でピッチを合わせてみよう

> ①変ロ長調の和音の土台となる根音（ 𝄢 ）をチェック。オクターヴ違いで根音を吹いているのはフルート、クラリネット、ファゴット
> ②第3音の 𝄞 を受け持つオーボエが、3人の吹く根音に加わる
> ③第5音（実音 𝄞 ）を受け持つホルンが4人の和音の中に加わる

　音程だけではなく、音量のバランスや、息の強さとスピードがメンバーと合うように、お互いによく聴き合うことが大切です。例えば、3人もいる根音が大きくなりすぎてオーボエの第3音やホルンの第5音を消してしまわないようにする、などです。5人でいちばんきれいに響く和音のバランスを求めて聴き合いましょう。ほかの人に聴いてもらうことも有効です。

スコアの使い方

●スコアでしか分からないことがある

　ピアノの楽譜は、一般的に右手と左手のどちらのパートも一つにまとまった楽譜（大譜表）なので、二つのパートの音を同時に読むことができます。しかし、アンサンブルやオーケストラなどの場合、各演奏者が見るパート譜には自分が吹く音しか書かれておらず、ほかの楽器が何をしているのかは分かりませんし、そもそも、ほかにどんな楽器がいるのかということすらわかりません。特に、ファゴットのパートではメロディーがまったく出てこない場合もあるので、パート譜を見ただけでは何の曲なのかわからないこともあります。

　実際に吹奏楽やアンサンブルなどで演奏しているときは、すべてのパートの音を聴き取ることが難しいこともよくありますね。CDなどで曲を聴けば曲のだいたいの様子はわかりますが、パートごとの動きを細部まで把握するためには、スコア（総譜）を見ることが必要です。

●スコアを見て、曲全体を把握しよう

　アンサンブルなどで与えられる役割は、いつも同じとは限りません。メロディーを受け持つパートとメロディーを支えるパートがフレーズの途中から入れ替わったり、ハーモニーのなかで下を支えるバス・パートから、内側のパートに移ったりと、音楽の途中で役割が変わっていくこともあります。

　自分がどの役割をどの楽器から受け継ぎ、どの楽器へとバトンタッチすればよいか、パート譜だけ読んでいてもわからないことが、スコアを読めば確認できます。

　アンサンブルなどでの演奏の準備をするためには、自分のパートを吹いて練習するだけではなく、スコアと自分のパートを照らし合わせて、音楽全体を把握していくことも、大切な作業です。

●楽譜の観察

　ムソルグスキーの《展覧会の絵》はピアノ曲が原曲ですが、ここではラヴェルがオーケストラ用に編曲した楽譜を見てみましょう。

　ふだん見慣れているパート譜とは違い、たくさんの情報が書かれていて難しく感じるかもしれませんが、見たままにグループ分けしてみるだけでも十分です。この楽譜からどのようなことが読み取れるのか、整理してみましょう。

　まずは小節のグループ分けをします。スラーの長さや、音域の違い、楽器の入れ替わりに注目してみると、前半と後半の２小節ずつで、音楽の様子が変わっているのがわかります。前半は２小節続くスラーが多く、音量は p です。後半は間に休符も挟まっていて、１小節＋１小節に分けられそうですね。音量は mf なので、前半とは対照的です。

　前半をもう少し詳しく見てみましょう。どのパートも同じようなリズムで演奏しているのがわかりますが、よく見るとファゴットだけに８分音符が二つ続くリズムがあるのがわかります。また、ほかのパートは２小節で一つのスラーですが、ファゴットはスラーが３つ。ファゴットだけ役割が違うことがわかります。

譜例22　ムソルグスキー（ラヴェル編）:《展覧会の絵》より〈第２プロムナード〉（３〜６小節目）。グレーで示したのがファゴット・パート。最後の小節だけコントラファゴットが加わる

後半2小節では、ファゴットはフルート3が同じリズムです。フルート1とオーボエに、8分音符2つのリズムが出ていますね。ホルンとコントラファゴットが、2分音符以上の長い音符を吹いています。

ここまででファゴットは前半ではほかの楽器とは違う役割を受け持ち、後半ではほかの楽器、特にフルート3と同じ役割を持っているのがわかりました。

●譜の解釈

観察のあとは、自分の考えも含んだ「**解釈**」が必要です。譜例のファゴットの最初の音は、譜例の直前にあるホルンの完全なソロの最後の音と同じ音から始まっています。つまり、耳の焦点はファゴットが吹く音の高さに集まっています。ファゴットだけスラーの単位も小さく、アーティキュレーションの表情が求められているので、ファゴットの役割はメロディーでしょう。原曲のピアノ曲の楽譜を見ると、このことはより明確にわかります。

後半では音量こそ大きくなりますが、役割は伴奏です。フルート1とオーボエ1にメロディーを受け継いだら、今度は支える側に回りましょう。コントラファゴットは、ホルンを受け継いでバスの役割です。

このような楽譜の観察が役立つのは、オーケストラだけではありません。ピアノとのデュオも含めたあらゆるアンサンブルで、スコアを活用しましょう。

●パート譜への書き込み

何十小節もの休みを数えてから再び吹くとき、いつ入ればわからなくなって迷子になる場合があります。直前に出てくるパートの音や同じタイミングで演奏する楽器名が、入る場所のガイドになってくれるので、スコアでわかった情報はパート譜に書き込みましょう。演奏している部分でも、自分が聴くべきパートの動きを書き込んでおくと役立ちます。スコアを見て、パートごとの関係性や全体の曲の動きをキャッチしましょう。

オーケストラの曲なら、作曲家や作曲当時の時代背景、楽曲の分析、楽曲の成り立ちなどの解説が付いているポケットスコアが多く出版されています。作曲家がどのような生涯を送りながら作曲をしたのか、作品を読み解いていく大きな手掛かりにもなります。

きほんの「ん」

柔軟な表現

●一人の練習ではイメージを固め過ぎないこと

　アンサンブルでは合奏練習をする前にCDで予習するなど、しっかりと自分のパートを練習しておくことは大切ですが、一つの固定したイメージだけで練習を続けるのは危険です。いざ合奏という際に、自分が思っていたのと違うテンポや自分のイメージとは違う表現を求められることはよくありますが、表現のイメージが一つしかないと、別の表現で柔軟に対応することができません。

　CDを聴く場合でも、どれかひとつの音源ではなく異なる団体や指揮者の演奏を聴いたり、一人で練習するときにもテンポや表現に変化をつけたりして、「一つのパターンでしか演奏できない」状態にならないように工夫してみましょう。

●曲ごとに異なる立ち位置

　無伴奏、ピアノとのデュオ、吹奏楽、アンサンブル、オーケストラとさまざまな演奏形態があり、曲ごとに異なるファゴットの役割や魅力を発見できます。

　どのような演奏形態であっても、作曲家や時代背景、曲の構造や様式を理解することは大切ですし、たとえ無伴奏の曲であっても、ハーモニーを感じながらよく聴くこと、常に全体の中で自分の立ち位置を知ることは大切です。これは、ファゴットに限らず、ほかの楽器や歌とも共通していると思います。

　一つの曲にさまざまな視点から取り組むことで、演奏する楽しみは何倍にも広がっていきます。CDを聴いたりコンサートに出かけたりするときも、ファゴットという視点にこだわり過ぎず、リラックスして楽しんでください。

　そして、「こんなふうに表現してみたい」という自分の引き出しが増えれば増えるほど、アンサンブルを楽しむ余裕が少しずつ出てくるはずです。

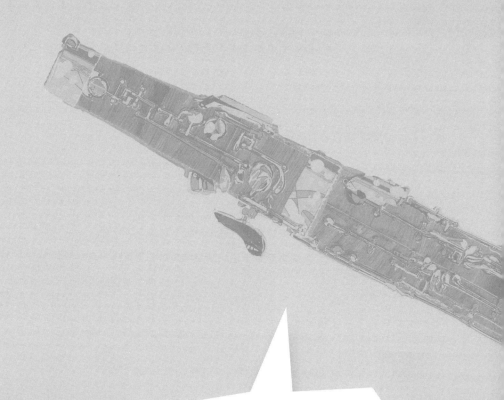

きほんの「上」に
楽しく音楽を続けよう

Fagotto

練習の組み立て方

　一曲一曲を仕上げ、本番に向けて準備するためにはどのように練習時間を使えばよいのか、いっしょに考えてみましょう。

●最初は楽譜を読む

　初めての曲に取り組むときは、すぐに楽器で吹こうとあわてず、まずは楽器を使わずに、落ち着いて読譜をします。楽譜を読むときには、最初からとにかく一音一音順番に読んでいくよりも、楽譜の全体像を把握するところから始めましょう。例えば、次のような項目をチェックします。

- ▶ 曲の初めの調性、拍子、テンポ
- ▶ 途中の転調やテンポ・チェンジなどの変化
- ▶ リズムが複雑な部分
- ▶ 音部記号の変化
- ▶ 曲想につながる情報（強弱などの表現記号やフレーズの方向性など）

　読譜が正確にできていないと、間違えたまま練習を続けて結局はあとで練習し直すことになり、余計な時間と体力を消耗してしまいます。音部記号を読み慣れていない人は、テノール記号で書かれている音符も頭の中でスラスラと歌えるようになるまで繰り返し読譜練習をしましょう。

　音を出す前にまず楽譜だけで勉強しましょう。**読譜をするときは、演奏上のテクニカルな問題とは切り離して楽譜に集中**することがとても大切です。

●部分練習

　読譜ができたら、楽器を持って曲を吹いてみましょう。常に、「このように吹きたい」という曲のイメージを明確にもち、そのイメージどおりに吹けるように練習をしましょう。うまくいかない部分があれば、そこだけ取り出して練習します。

◆運指が難しい箇所

　難しい部分だけ取り出し、テンポを落として、ゆっくり練習します。楽譜どおりの練習だけではなく、リズムやアーティキュレーションを変えて練習することも有効です。変化をつけて、指と舌、息のスピードや圧力をかけるタイミングがスムーズかどうか、よく感じてください。

◆表現の難しい箇所

　のびやかに歌いたい、ダイナミクスに変化をつけたいという箇所も、取り出して部分練習します。アタックの種類（アーティキュレーション）を変える、クレシェンドやデクレシェンドのタイミングを定める、ノン・ヴィブラートで吹く、ヴィブラートの速さや幅を変えるなど、いろいろ試してみます。

●曲全体を通して練習

　独奏曲であれば、最初から最後まで通して演奏する練習も必要です。通すことで、ブレスが続かない、部分練習では吹けていたのにミスをする、表情が希薄になるなど、さまざまな課題が見えてきます。課題が見えた部分をさらに練習しましょう。

　曲を通して吹くと決めたときは、途中でミスをしても、上手に吹けなくても、立ち止まったり吹き直したりせずに、テンポの流れるままに演奏を続けましょう。本番では何が起きても演奏を止めるわけにはいきません。

　思いどおりに吹けないことがあっても、冷静に持ち直して吹き切れる自信をつけてください。

●ハーモニーのなかで音程を合わせる

　ピアノ伴奏付きの曲やアンサンブルであれば、ほかの楽器と音程を合わせるのが難しい箇所もあります。スコアも読み、ピアノやキーボードを使って、各パートの音を重ねた和音を自分で弾きなながら、ファゴットの音を重ねて響きを感じてみてください。

●こまめに休憩を取りましょう

　ファゴットは楽器自体が重いので、体にある程度の負担がかかります。痛みや疲れで嫌になってしまう前に、こまめに休憩するようにしましょう。簡単なストレッチをしたり、違う姿勢で別の作業をして、体を気遣(づか)うことも大切です。

●本番までの練習プラン

　1曲を仕上げるまでの練習のほかに毎日の基礎練習も加わるとなると、ある程度の時間が必要です。本番までの日数と、一日に使える時間をざっとチェックして、練習計画を立ててみてください。

　一日ですべての練習をする必要はありません。基礎練習を重点的に行う日もあれば、ロングトーンは軽くして、部分練習だけに集中する日、音階の練習と曲を通して確認するだけの日など、練習メニューを変えて、一定の期間で練習全体を行えるように計画します。

　また、時間を小刻みに区切り、すべての要素を毎日少しずつまんべんなく練習してもいいでしょうし、疲れたときは、思い切って楽器を吹かず、CDを聴く、改めて読譜をし直す、スコアをチェックする、音楽のイメージを膨らませるなど、楽器から距離をおいてもいいでしょう。

　いちばん大切なことは、**本番でベストを尽くせる状態にする**ということです。計画どおりに進められることばかりではありませんから、練習内容と練習時間はこだわり過ぎず、自分がいいと思えるペースを試行錯誤して見つけてください。

楽器のメンテナンス

●トラブルがなくても定期メンテナンスに行こう

　特に楽器の調子が悪いと感じなくても、最低でも年に1回は専門のリペアマンにみてもらいましょう。できれば、年に2、3回はみてもらえると安心です。

　楽器の状態は、梅雨の時期の湿気、冬場の乾燥など、季節の変わり目によっても変化していきます。楽器本体の木やタンポが膨張あるいは縮むことで息の抵抗感が変わり、レガートがうまく吹けない、発音しにくいなど、演奏にも影響が出てきます。そうした困難は、リードを替えたり吹き方を工夫したりして克服しようとするよりも、楽器を調整してもらうことで、あっという間に解決できることがよくあります。

　楽器の不調は、毎日吹いているからこそ気が付かないことがよくあります。トラブルがあった場合はもちろんですが、季節の変わり目などに時期を決めて、定期的に専門のリペアマンに調整してもらいましょう。そのときには、特に気になる問題があれば最初に伝えましょう。そうでないときは、全体のバランス調整をお願いしましょう。

　もし、日ごろ楽器の取り扱いについて不安や疑問があるなら、調整に出しているときこそ、リペアマンにいろいろと教えてもらうチャンスです。実際にトラブルが見つかったときも、原因や対策をきちんと聞いてください。

　楽器を良い状態に保つことが、上達への近道です。

●自分で迂闊（うかつ）にいじらない

　木管楽器の中でもキイの数が群を抜いて多いファゴットは、とても緻密に設計されている楽器です。楽器のリペアには、楽器演奏とはまた違った専門知識が必要なので、「これくらいなら自分で直せそう」は禁物です。トラブルや違和感があったら、リペアマンにお願いしましょう。

きほんの「上」に

楽器を習う・教える

●本格的に習いたくなったら

　学校の部活動で楽器を始めた場合は、最初は先輩から奏法を教わったり、独学で身に付けたりすることが多いと思います。だんだん上達してくると、さらなるレベル・アップのために、本格的に先生のレッスンを受けたいと思うこともあるでしょう。プロのファゴット奏者の先生に習うためにはさまざまな方法があります。

◆音楽大学の講習会やオープンキャンパスなどに参加する

　音楽大学などの講習会やオープンキャンパスなどへ参加し、その音楽大学で教えている先生から直接レッスンを受ける方法があります。講習会は、音楽大学受験を考えている高校生が対象になっていることが多いですが、オープンキャンパスなどでは中学生から無料の体験レッスンを受けられる場合もあります。

　参加した際に、担当してくれた先生に直接相談してみましょう。その先生がレッスンできなくても、あなたの地元に近い知り合いの先生などを紹介してもらえる場合があります。

◆公開レッスンを聴講する

　楽器店や音楽大学などで、公開レッスン（マスタークラス）が行われることもあります。自分が直接レッスンを受けなくても、先生の教えに触れ、演奏を聴くことはもちろん勉強になりますが、受講生の演奏が変化していく様子を見るのはとても刺激的です。受講曲がわかっているときは、あらかじめ譜読みをするなどの予習をしていくと、より理解が深まります。

　また、管楽器だけでなく、弦楽器や歌のマスタークラスもとても勉強になります。

●レッスンを受けるときはしっかり準備する

　実際にレッスンを受けるときは、しっかりと準備をしていくことが大切です。基礎練習やエチュードでも、譜読みを確実にしておきましょう。くれぐれも、先生の前で練習する状態にならないように。レッスンでは限られた時間の中で教えてもらうのですから、計画的に準備していきましょう。また、レッスンで先生から指摘されたことを確実に身に付けるために、復習も忘れずに行いましょう。レッスン時のメモは、記憶を引き寄せる手助けにはなるかもしれませんが、習ったことを実現してくれるわけではありません。

　どんなにすばらしい先生からたくさんの教えを受けても、自分で教えを吸収し、自分を育てていこうという意欲がなくては成長しません。たとえその場ですぐにできなくても、そうした意欲があれば、後々必ず大きな助けとなります。

●教える立場になっても、自ら学ぶスタンスで

　部活動では、先輩が後輩にゼロから教えていくことがほとんどですね。私も同じように中学生のときにファゴットをスタートしましたが、私に教えてくれた先輩は演奏が上手なだけでなく、ほめるのも上手な優しい方でした。もっている知識や経験を一方的に教えるだけではなくて、よりよい情報を身に付けながら後輩と共有していく、すてきな先輩だったのです。

　私たち後輩は、先輩といっしょに管楽器の教則本や音楽雑誌を読んで勉強し、プロの演奏家のCDを貸してもらったり、ときには卒業生のつてで、プロの先生のレッスンを受けたりしたのです。信頼できる情報や教えを、先輩後輩の壁をつくることなく仲良く共有していました。

　自分が先輩の立場になると、つい張り切ってしまうこともあるかと思います。なんでも知っている先輩でありたいと思うのも無理はありませんが、外の世界はもっと広く、分からないことはたくさんあります。後輩に教えつつ自分も一緒に学んでいく、そんなスタンスならば、お互いに良い関係が築けるかもしれませんね。

きほんの「上」に

私の価値観をつくったもの

●子どもの頃に接したプロの演奏家たち

　作曲家である父の影響で、私は小さい頃から現代曲のコンサートを聴きに行くことがたびたびありました。現代曲のことはよく分からなくても、プレイヤーの真剣な眼差しや鬼気迫る緊迫感がとても格好いいと思いました。プレイヤーの方たちは、コンサート以外ではとても気さくで、リハーサルや本番で起こったアクシデントや、思わず笑ってしまうような失敗談を、よく話してくださいました。

　プレイヤーの方たちに会えること、そしてお話を聞けることがうれしかったので、子どもにとっては難しく感じる現代曲のコンサートも楽しみにしていたような記憶があります。たった一つの音を出すことに徹底的にこだわり、ディスカッションを重ねて追及していく姿を見て、すごい人たちだと感じていました。

　そんな演奏家の方たちと同じプロの世界に入りたいという思いが、今の私へとつながっているのだと思います。

●部活動からユース・オーケストラへ

　ファゴットを始めた中学生の頃は、ファゴット奏者のCDを探してはよく聴いていました。学校の部活では、木管アンサンブルに毎日取り組んでいました。少人数のため常にお互いの音を頼りに聴き合う親密感がとても楽しかったです。

　部活動が落ち着いてからはユース・オーケストラへ入りました。最初に参加したときの曲はメンデルスゾーンの《ヴァイオリン協奏曲》。パートはセカンド・ファゴットでしたが、まとまった休符が少ない木管アンサンブルの楽譜では見たことがない、何十小節もの「お休み」を数えられず、いつも途中で分からなくなり、初めての合奏日がほとんど何も吹けないまま終わった

のも、今では良い思い出です。

　部活での木管アンサンブルとは異なる大編成のオーケストラは迫力があり、さまざまな曲に触れてオーケストラの中でのファゴットの面白さも知ることができました。なにより、小学生から大学生までの、年齢も学校も異なるメンバーや、指導の先生方と関わりあえることが刺激的で、とても充実していました。

●レッスンを受け始めた高校生時代

　高校生になってからは、本格的にファゴットのレッスンを受けるようになりました。中学生の頃は練習はエチュードが中心だったため、実際に曲を吹けることがうれしくて、夢中になって練習していました。お気に入りのCDを何度も聴いて吹き方をまねしてみたり……。

　レッスンでは、CDのものまねのように吹いていた私に、なぜそのように吹くのか、より効果的に表現するにはどうすればいいのか、といった具体的な方法を先生から教えていただきました。

　その頃、いろいろ聴いたCDの中でいちばんインパクトがあったのは、セルジオ・アッツォリーニさんが演奏するロッシーニの《ファゴット協奏曲》です。ソリスティックで魅力あふれる素晴らしい演奏は、今改めて聴いても驚きと喜びが湧きあがります。

●素晴らしいプレイヤーとの共演

　プロフェッショナルの演奏家になった今、やはりいちばん大きい経験は素晴らしいプレイヤーたちとの共演です。雲の上のような存在だと思っていた方と一緒に呼吸をして演奏することは、何にも代え難い体験です。また、さまざまなプレイヤーとの出会いによって、ファゴット以外の楽器や歌にも、そして音楽以外のことにも、興味関心の幅がどんどん広がっているように感じます。

　そして、ファゴット以外への興味によって、結果的にはファゴットにも音楽にも、たくさんの魅力があるということに改めて気付かされたのです。

本番や失敗から学ぶ

皆さんが日々取り組んでいる練習は、コンサートでお客さんに演奏を聴いてもらうためのものですね。本番をどのような心持ちで迎えればよいのか、考えてみたいと思います。

●本番でお客さんに伝えたいこと

練習するときには、「ここをミスをしないように」「ここはこんなふうに吹きたい」などと、いろいろなアイディアを出しながら練習をしている人が多いと思います。しかし、「こんな本番にしたいな」「自分の音楽を聴いて、お客さんにはこう感じてほしい」という、本番でいちばんに表現したいことのイメージは、どのくらい確かなものになっていますか？

私は、どんな演奏からでも、奏者がいちばん強く思っていること、強く願っていることが、聴いている人に伝わると思っています。

自分の経験で言えば、失敗したくないとばかり思っていたときの演奏を、「慎重さばかりが伝わって面白みに欠ける」と言われたことがありましたし、「素直にこの曲の楽しさを伝えたい！」と思って取り組んできたときには、ミスをしてしまって自分では落ち込んでいたにもかかわらず、「楽しい演奏だった！」と喜んでもらえたこともありました。

大切なことは、本番になってから何かを考えて演奏するのではなく、日々の練習に取り組む段階から「これを伝えたい」という強い思いをもつことではないでしょうか。本番では、考えている余裕がないことがほとんどです。

●ステージで緊張するのは悪いことではない

よく「緊張しないで吹くためには？」と質問されるのですが、本番での緊張感はとても大切だと思います。大勢のお客さんが静まり返って自分たちにくぎ付けになるという、非日常的な状況でステージに立ち、これまで真剣に

練習してきた音楽をお披露目するのですから、緊張して当然ですし、決して悪いことではないと思います。

●「アガる」と「緊張感」は違う

私が中学生のときに聞いた、有名なヴァイオリニストの五嶋みどりさんの言葉が今でも心に残っています。

「緊張をして本番に臨むことはとても大切。しかし『アガること』と『緊張感をもってステージに立つ』ということは、似ているようでまったく異なる」というものでした。

「アガる」というのは、舞い上がってしまう、あせってしまうという意味だと思います。では、それとは異なる、良い緊張感とは？ それは、「失敗したらどうしよう」「うまくみせよう」などといった余計なことを考えずに、**できることを信じて音楽に集中する**ことではないかと感じています。

●本番で練習どおりに吹けない原因

本番でアガってしまった状態では、体が縮こまり、練習ではできたことがぐしゃぐしゃに……ということが起きてしまいます。しかし、冷静に分析してみると、演奏がうまくいかなかった直接の原因は「指や舌（タンギング）の動きと息の入るタイミングがずれていた」「唇でリードを噛みしめてしまって音が高くなった」「発音がスムーズにできなかった」といった、ふだんの練習から気をつけているようなことだったことが分かります。

また、たいていの人はいつも小さい部屋で練習していますが、ホールで吹くと自分の音がいつもとは違うように聴こえます。そうした環境の変化に対応できていなかったことも原因の一つなのではないでしょうか。

●リハーサルでは「しっかり」失敗しよう

本番であわててしまわないように、合奏の練習などのリハーサルの段階で、しっかり失敗をしましょう。「しっかり」失敗するとは、ワザと失敗をしようということではありません。リハーサルでうまくいかなかったことを、一時的な失敗として済ませてしまうのではなく、原因を冷静に分析して修正し

ていこうという意味です。失敗してしまったら「しっかり」次につなげていきましょう。

　個人の練習では演奏できていたことが、いざ指揮者を見ようとしたり、ほかのパートの音を聴こうとすると間違えてしまうことがあります。このような箇所は、「余裕がなくなると間違えるかもしれない箇所」、「のびのび歌えないかもしれない箇所」です。このような課題となる箇所をリハーサルで見つけておいたら、あとから丁寧に練習し直し、スコアを見直してほかのパートの動きを確認します。このように、緊張してもある程度は吹けるように準備をすることが、自分を安心させることにつながります。

　もしソロを吹くなら、本番までの間に、お友達や先生、家族に聴いてもらう「おさらい会」を開くのもよいと思います。
　練習するときにいつも、「本番のための練習」「本番のためのリハーサル」だということを忘れないでいられれば、「アガる」状態が、「良い緊張感」へと変化していくかもしれません。

●いざ本番!　心から楽しんで

　本番は思い切っていきましょう。ふだんはなかなか味わえないホールでの響きや、仲間たちとお客さんとともに音楽を共有できることを心から楽しんでください。もし、緊張して不安になってしまったら、もう一度「自分はお客さんに何をいちばん伝えたいのか、何をいちばん表現したいのか」と自分の心に問いかけてみてください。本番で失敗をしてしまったら、そのときは落ち込みますが、その悔しい経験が自分を成長させるエネルギーになるのかな、と私は感じています。

　コンサートが終わったら、思いどおりに演奏できたときもできなかったときも、その日の心と体の状態、本番までの練習の仕方を振り返ってみることをおすすめします。「なぜそうなったのか？」と振り返って積み重ねていく経験は、必ず将来のかてとなります。少しずつ、次へのステージへと生かせていけるといいですね。

音楽と付き合っていくということ

　私自身は楽器を始めて少し経った頃から、自然にプロの演奏家を目指したいと思い、今に至っていますが、音楽との関わり合い方は人それぞれで、とても多様だということも実感しています。

●ヴァイオリンを弾く伝統工芸作家

　身近な例で恐縮ですが、私の姉は、小さい頃からヴァイオリンを弾いていて、音大を目指したいと考えた時期もありました。しかし、両親と話し合った結果、一般大学へ進み、音楽を趣味として楽しむことにしました。そして今では、伝統工芸の世界で、作家として作品づくりに励んでいます。

　ところが最近、ひょんなことから姉がヴァイオリンを弾けると知った歌手の方とグループを結成することになり、いろいろな場所に出かけてはライヴをするようになりました。音楽ホールでのかしこまったコンサートではなく、地元のカフェや美術館などを会場に、リラックスしたお客さんに気軽に音楽を聴いてもらって、お客さんといっしょに姉自身も音楽を楽しんでいるようです。

●ブランクがあっても自然体な演奏

　数年前、その姉の結婚式で、私がファゴットを吹いて、姉がヴァイオリンを弾き、母にピアノ伴奏をお願いして、3人で演奏する機会がありました。じつは家族で一緒に演奏するのはほぼ初めてでしたが、約10年ぶりに聴く姉のヴァイオリンには歌心があり、とても自然体の演奏だったので驚きました。

　姉は、高校生くらいまでレッスンに通っていたので、ある程度の基礎ができているとはいえ、その後は練習などもあまりしていなかったようです。上手に演奏することや上達することばかりを考えて、頭も演奏も固くなりがち

な私には、自然体に、素直に音楽を楽しんで演奏する姉の姿が新鮮に見えました。

●立場を共有して

また、私が所属するオーケストラでは、アマチュアのコーラスと共演するコンサートがあります。そのコーラスに参加した母と、同じステージで親子共演（？）を果たすこともできました。母もプロフェッショナルのピアニストではありませんが、音楽は大好きで、一緒にさまざまなコンサートへ出かけます。コンサート後にその感想を語り合うのも、私たち親子にとっての楽しみの一つで、私とは違う視点からの母の感想が新鮮だったり、刺激になったりすることも少なくありません。

楽器を演奏する経験があってもなくても、コンクールでいい結果が出ても出なくても、プロの演奏家にになってもならなくても、いつでも誰でも、音楽は楽しむことができます。楽器もジャンルも問わず、興味の赴くまま音楽と長く付き合っていきたいですね。

●音楽を上手に楽しめる力

ここではたまたま家族の例を出しましたが、友人知人も含めていろいろな方に話を伺うと、かつて楽器演奏に親しんだことのある人は、音楽の楽しみ方がとても上手だと感心させられることが多いです。

楽器は、短期間で上達するものではありません。特に管楽器は自然に音を出せるようになるまでに時間もかかりますし、冷静に自分の演奏を観察しながら、いろいろなことを試しては失敗して、少しずつ技術や表現のことを覚えていかなくてはなりません。そうやって長い時間を楽器と過ごす中で、楽器がうまくなるのと同時に、あらゆる物事への取り組み方も自然と養われていくように感じています。

楽器の演奏を通じて音楽の奥深さに触れる体験は、より豊かな人生を送ることにもつながっていくのではないでしょうか。

おわりに

　この本の執筆を進めていく中で、基礎練習の積み重ねと自身の楽器という限られた視点だけではない、音楽への関わり方の大切さを改めて考えていました。

　これまでに教えていただいた多くの先生方や素晴らしい共演者たちから得られた経験は、何にも代え難いものです。その経験を生かすため、私の練習への取り組み方は年々柔軟に変わってきています。取り組み方が変わると、いい結果が生まれることもあれば、かえって偏ってしまい、うまくいかなくなることもありました。その中で、少しずつ自分にとって必要なペースがつかめてきたように思います。

　時間も体力も無限ではありません。ベストを尽くすためには何が必要で何をしなくてもいいのか、自分自身で選ぶことが続いていきます。表現したい音楽を心の中にもつことが、練習の目的を明確にし、ステップアップへの早道となります。

　練習し、演奏するだけでなく、仲間や憧れの演奏家のコンサートを聴きましょう。彼らと交流して、さまざまな形で音楽と触れ合い、たくさんの刺激をもらうという楽しい経験をしてください。そうして自分が育っていく喜びを、ファゴットや音楽を通して、ぜひ多くの人たちと共有してほしいと思います。

　皆さまが、よりファゴットを楽しみ、音楽とともに豊かな時間を過ごせることを心より願っています。

2019年2月

福士マリ子

特別寄稿

誰にでもできる「こころのトレーニング」
「本番力」をつける、もうひとつの練習

大場ゆかり

　演奏によって、私たちの心を動かし、魅了してくれるすばらしい音楽家たちは、表現力が豊かで卓越した演奏技術はもちろんのこと、音楽に対する深い愛情をもち、音楽を楽しむ気持ちを大切にしています。そして、音楽や自分なりの目標や夢の実現に向け、真摯に音楽と向かい合っています。また、逆境やアクシデントをチャレンジ精神やポジティブ・シンキングで乗り越える強さとしなやかさもあわせもち、演奏前や演奏中には高い集中力を発揮しています。

　さて、日々の練習の集大成として最高のパフォーマンスをするため、本番に理想的な心理状態で臨むためには、心の使い方や感情・気分のコントロールができるようになることが必要です。

●こころのトレーニングを始めよう!

　まずは、これまでやっていたこと、できそうなこと、やってみようかなと思えることに意識的に取り組んでみましょう。

①練習前後に深呼吸をしたり、目を閉じて心を落ち着かせる
　　緊張・不安、やる気のコントロール
②練習中に集中できなくなったときに体を動かしたり、気分転換をする
　　集中力の維持・向上
③ちょっとした空き時間や移動時間を利用して曲のイメージを膨らませる
　　イメージトレーニング
④本番で拍手喝さいを受けている自分を想像する
　　イメージトレーニング

⑤練習記録をつける

　目標設定とセルフモニタリング（記録と振り返り）

⑥寝る前にストレッチやリラックスする時間をとる

　ストレスの予防・対処

●「練習記録」と「振り返り」でステップアップ！

　上達のためには、本番や目標への取り組み過程や練習内容・成果、体調・気分、できごとを記録し、振り返ることが大切です。記録と振り返りを行うことにより、自分の状態や課題、自分自身の体調や気分の波、練習の成果が現れるプロセスやパターンに気付けるようになります。また、記録することで、取り組み内容や頑張ってきたこと、工夫したことなどを、自分の目で見て確認することができるため、やる気を高く保つことにもつながります。本番前など不安が大きくなったとき、自信がもてないときに、あなたの練習記録があなたを励まし、本番に向かう背中を押してくれることでしょう。

練習記録の例

わたしの練習日記

日付	できた？	練習内容	結果	体調・気分
4月8日(月)	△	基礎練	スケールをいつも間違える	寝不足
4月9日(火)	◎	課題曲のC	うまくできた	元気
4月10日(水)	○	パート練	Eのユニゾンがそろった！	元気
4月11日(木)	△	譜読み	臨時記号で間違える	だるい
4月12日(金)	○	課題曲の全体合奏	いい感じ！	◎！
4月13日(土)	×	イメトレ	模試でほとんどできなかった	微熱
4月14日(日)	○	ロングトーンとスケール	10分だけだったけど、集中していい音が出せた	元気。午後からは遊んだ

《4月2週目まとめ》　←振り返る（1週間でなく1か月単位でもよい）

●先週より音が良くなってきたかも。
●指はやっぱり難しいから来週はゆっくりから練習しよう。

● 「振り返り」のポイント

　これまで練習してきたことや取り組んできた課題、目標が十分に達成できたかについて考えましょう。

　本番の成績や順位、点数、合否、ミスタッチの有無など「結果」も気になりますが、「プロセス（これまでの頑張り）」に注目しましょう。

● **音楽と長く楽しく付き合っていくこと**

　心理学者のアンジェラ・リー・ダックワース博士は、一流と呼ばれる人たちは、生まれもった才能や資質に恵まれている特別な人なのではなく、グリット（やり抜く力）と呼ばれる一つのことにじっくりと取り組み、失敗や挫折にめげずに粘り強く取り組む力や努力を続ける力が非常に高いことを明らかにしました。ダックワース博士は、「努力によって初めて才能はスキルになり、努力によってスキルが生かされ、さまざまなものを生み出すことができる」と言っています。たとえ、2倍の才能があっても2分の1の努力では決してかなわないというのです。

グリット（やり抜く力）

●情熱
・一つのことにじっくりと取り組む姿勢
・長期間、同じ目標に集中し続ける力

●粘り強さ（根気）
・挫折にもめげずに取り組む姿勢
・必死に努力したり挫折から立ち直る力

せっかく始めた音楽を「才能がない」「素質がない」と言ってあきらめてしまったり、頑張ることをやめてしまったら、それは、自分で自分の可能性の芽を摘み、自らできるようになる未来を放棄してしまっていることと同じことになってしまいます。もし、「どうせ」「無理」「できない」と弱気の虫が出てきてしまったら、あきらめてしまう前に、音楽を好きだ・楽しいと思う気持ちや、初めて楽器に触れたときのこと、初めて良い音が出せたと思えたときのこと、仲間や聴衆と心を通わせ音を合わせて紡いだメロディーや一体感を思い出してみてください。

　そして、できない・うまくいかない今のことばかりにとらわれ続けて、ただやみくもに練習を繰り返すのではなく、できるようになった未来を明確に思い描きながら、できない今とできるようになった未来の違いを考えてみましょう。

　そうすると、できるようになるためにどうすればよいのか、今、自分に必要な練習は何か、乗り越えるべき課題は何かをはっきりさせることができます。さらに、うまくできている人のまねをしてみたり、うまくいくコツを見つけたり体感したりしながら、さまざまな工夫や試行錯誤を繰り返すことが、課題を克服するための具体的で現実的かつ効果的な練習にもつながります。

　才能や能力は伸びるものだと信じ、「今はまだできなくても、練習すればできるようになる」と考えるようにすると、今はまだできない課題の克服のための努力や挑戦を続けていく力が生まれてきます。まずは、「必ず、できるようになる！」と強く信じ、日々、できたことやできるようになったことに注目しながら、あきらめず、粘り強く、できるようになっていくプロセスを楽しみつつ、音楽と長く楽しく付き合っていってください。

大場ゆかり　九州大学大学院人間環境学研究科博士後期課程修了。博士（人間環境学）。武蔵野音楽大学専任講師としてメンタル・トレーニング等の講義を担当。『もっと音楽が好きになる　こころのトレーニング』を音楽之友社より刊行。

著者プロフィール

Photo © Masato Okazaki

福士マリ子（ふくし・まりこ）

東京交響楽団首席ファゴット奏者。紀尾井ホール室内管弦楽団メンバー。洗足学園音楽大学非常勤講師。東京藝術大学を首席で卒業し、アカンサス音楽賞受賞。第27回日本管打楽器コンクール第1位および特別大賞、第23回出光音楽賞、第24回新日鉄住金音楽賞を受賞。ソリストとして東京交響楽団、東京フィルハーモニー交響楽団などと共演。東京オペラシティ文化財団主催「B→Cリサイタルシリーズ」、NHK-FMや各種音楽祭等にも出演。

もっと音楽が好きになる　上達の基本　ファゴット

2019年 3月31日　第1刷発行

著者　──── 福士マリ子
発行者　──── 堀内久美雄
発行所　──── 株式会社　音楽之友社
　　　　　　〒162-8716　東京都新宿区神楽坂6-30
　　　　　　電話　03（3235）2111（代表）
　　　　　　振替　00170-4-196250
　　　　　　https://www.ongakunotomo.co.jp/

装丁・デザイン ── 下野ツヨシ（ツヨシ＊グラフィックス）
カバーイラスト ── 引地 渉
本文イラスト ── かばたたけし（ツヨシ＊グラフィックス）
楽譜浄書 ──── 中村匡寿
写真 ────── 岡崎正人
モデル ───── 浦田拳一
印刷・製本 ── 共同印刷株式会社

©2019 by Mariko Fukushi　Printed in Japan
ISBN978-4-276-14583-2 C1073

本書の全部または一部のコピー、スキャン、デジタル化等の無断複製は著作権法上の例外を除き禁じられています。また、購入者以外の代行業者等、第三者による本書のスキャンやデジタル化は、たとえ個人や家庭内での利用であっても著作権法上認められておりません。
落丁本・乱丁本はお取替いたします。